끝없는 길 언제나 새로운 길

교부들과 함께 읽는 성경

끝없는 길 언제나 새로운 길
– 교부들과 함께 읽는 성경

발행일 2017. 6. 30

글쓴이 황인수
펴낸이 서영주
총편집 서영필
편집 손옥희, 김정희 **디자인** 송진희
제작 김안순 **마케팅** 최기영 **인쇄** 영신사

펴낸곳 성바오로
출판등록 7-93호 1992. 10. 6
주소 서울특별시 강북구 오현로7길 20(미아동)
취급처 성바오로보급소 **전화** 944-8300, 986-1361
팩스 986-1365 **통신판매** 945-2972
E-mail bookclub@paolo.net
인터넷 서점 www.**paolo**.net
www.facebook.com/**stpaulskr**

값 13,000원
ISBN 978-89-8015-895-9
교회인가 서울교구 2017. 4. 10 **SSP** 1047

ⓒ 황인수, 2017

이 도서의 국립중앙도서관 출판시도서목록(CIP)은 서지정보유통지원시스템 홈페이지(http://seoji.nl.go.kr)와 국가자료공동목록시스템(http://www.nl.go.kr/kolisnet)에서 이용하실 수 있습니다. (CIP제어번호 : CIP2017014147)

이 책은 저작권법의 보호를 받으므로 무단전재와 무단복제를 금합니다.
이 책 내용의 전부 또는 일부를 재사용하려면 반드시 저작권자와 성바오로출판사의 동의를 얻어야 합니다.

교부들과 함께 읽는 성경

길

끝없는 길
언제나 새로운

황인수 글

성바오로

들어가는 말

아버지 날 낳으시고 어머니 날 기르시니
애닯고 애달파라 우리 부모님
낳으시고 기르시려 애를 쓰셨네.
그 은혜 조금이나마 갚으려 해도
넓고 넓은 하늘처럼 끝이 없어라.

부모의 은혜를 노래한 시경의 한 대목입니다. 동북아시아 전통에서도 부모의 은혜는 '넓고 넓어 끝을 모를 하늘'(호천망극, 昊天罔極)에 비견됩니다. 그리스도인들은 날마다 '하늘에 계신 우리 아버지'를 부르는 사람들입니다. '주님의 기도'를 서양 언어에서 '우리 아버지'pater noster라 하듯이, 그리스도인은 하느님을 내 생명의 주님, 우리 아버지라 부르며 사는 사람들입니다.

또한 그리스도교에서는 하느님 아버지로부터 받은 그 참된 생명, 신앙의 진리를 지키고 후대에 전해 주신 분들을 교회의 아버지, 곧 교부敎父라고 부릅니다. '교부'라는 말에는 여러 쓰임새가 있지만 일반적으로는 교회 역사에서 교의, 영성, 전례, 교리 교육 등 여러 면에서 교회의 기틀이 잡힌 시기, 보통 교부 시대라고 불리는 때에 활동한 인물들을 가리킵니다. 교부 시대는 대개 사도 시대부터 7세기(서방 교회), 8세기(동방 교회)에 이르는 시기를 말하는데 성 아우구스티노나 성 요한 크리소스토모 등이 교부 시대의 황금기를 대표하는 인물이라 할 수 있지요.

이 책은 2015년 1월부터 2016년 12월까지 '바오로딸'에서 펴내는 월간 성서 잡지 〈야곱의 우물〉에 연재했던 '교부들과 함께 성경 읽기'를 한데 묶은 것입니다. 교회가 자리를 잡아 가던 시기에 교부들은 하느님의 말씀을 어떻게 읽었는지, 그리고 그 말씀을 어떻게 살았는지를 살피는 것이 이 연재의 목적이었습니다. 연재물들을 한데 묶고 처음부터 다시 읽어 보니 그 목적을 이루기에는 제 힘이 턱없이 부족했구나, 하는 걸 느낍니다. 하지만 이 글을 읽는 분들이 짧으나마 교부들의 작품을 실제 대하고 그분들을 친근하게 만날 수 있다면 더 바랄 것이 없겠습니다.

많은 교부들 가운데 특히 이름이 알려진 분들을 중심으로 고통, 말씀 읽기, 기도, 이웃 사랑, 깨어 있음, 가난한 이들에 대한 관심 등 오늘의 우리들에게 도움이 될 만한 주제들을 다루었습니다. 읽다 보면 교부들이 천 년도 더 된 옛사람들이 아니라 오늘의 우리와 다를 바 없이 고통을 겪고 고민을 하며 하느님 안에서 살아갈 길을 찾던 분들임을 만나게 될 것입니다. 글의 말미에서는 교부들의 가르침과 오늘의 현실을 연관 짓는 질문들을 던져 보려고 했습니다.

우리 인생이 아버지로부터 떠나왔다가 다시 아버지께 돌아가는 것(요한 13, 3 참조)이라고 가르쳐 주신 분은 바로 우리 주님이셨습니다. 그리스도교 사상가 다석 류영모(柳永模, 1890-1981년) 선생은 예수님의 생애를 한마디로 부자유친父子有親이라 평하기도 했습니다. 하느님 아버지와 친밀하게 사는 삶이 우리 신앙생활의 본령이라 한다면 교부들, 곧 교회의 아버지들을 깊이 만나는 일은 우리가 아버지께 가는 길에 큰 도움이 된다고 할 수 있겠습니다. 독자 여러분이 이 작은 책을 통하여 교부들을 조금이라도 더 잘 알게 되고, 교부들을 더 사랑하게 되기를 빌어 봅니다. 성 아우구스티노의 가르침대로 앎은 사랑으로 이끌고 사랑은 다시 더 깊은 앎으로 이끌어 진리와 사랑이 하나가 되는 것, 그것이 바로 우리가 하느님을 만나는 자리가 된다고 믿기 때문입니다.

보잘것없는 원고를 다듬어 좋은 책으로 만들어 주신 성바오로출판사 관계자 여러분께 머리 숙여 감사드립니다.

2017년 봄
글쓴이

※ 일러두기
- 교부들의 작품명은 「교부 문헌 용례집」(한국교부학연구회, 수원가톨릭대학교 출판부, 2014)을 따름.
- 교부들의 인명과 지역 이름은 「천주교 용어집」(한국천주교중앙협의회, 2014)을 따름.

차례

들어가는 말　4

1 대ㅊ바실리오　11
Basilius Magnus

2 대ㅊ그레고리오　35
Gregorius Magnus

3 아우구스티노　61
Aurelius Augustinus

4 예로니모　79
Eusebius Sophronius Hieronymus

5 암브로시오　105
Aurelius Ambrosius

6   고백자 막시모   123
Maximus Confessor

7   요한 크리소스토모   141
Ioannes Chrysostomos

8   니사의 그레고리오   151
Gregorius Nyssenus

9   테르툴리아노   177
Tertullianus

10   클레르보의 베르나르도   195
Bernardus Claraevallensis

나가는 말_아버지들의 길   215

1

대大바실리오

Basilius Magnus, 329–379년

끝없는 길 언제나 새로운 길

하느님은 누구이신가

대★바실리오의 헥사메론 Homiliae in hexaemeron

그러므로 세상에 시작이 있고, 세상이 창조되었다면 누가 세상에 시작을 주었는지, 누가 세상의 창조주이신지를 찾으십시오. 여기에 그치지 않습니다. 모세는 다음과 같은 가르침으로 하느님의 지극히 거룩한 이름을 우리 영혼 안에 인장으로 새깁니다. '한처음에 하느님께서 창조하셨다.'

(헥사메론, I ,2,6)

'헥사메론' hexaemeron은 "엿새"라는 뜻으로, 창세기 1장 1절부터 25절까지 엿새 동안의 창조 이야기를 풀이하는 내용입니다. 대大바실리오(Basilius Magnus, 329-379년)가 378년 사순 시기, 2월 12일부터 16일까지 닷새 동안 아침저녁으로 행한 강론 아홉 편을 묶은 것입니다. 이 작품은 '세상은 무엇인가?' 또 '인간은 무엇인가?'라는 물음에 답함으로써 '하느님은 누구이신가?'를 이야기하려는 작품이라 할 수 있습니다. 우주의 창조주이자 주재자이신 하느님께 대한 믿음 위에 모든 것을 세우려는 시도인 것이지요.

대바실리오는 329년경 카파도키아의 카이사리아에서 태어났습니다. 콘스탄티노플을 거쳐 아테네에서 유학하던 중 고향으로 돌아온 그는 아버지가 세상을 떠나자 수도승 생활이 만개하던 여러 지역을 돌아본 뒤 누이 마크리나, 어머니 등과 함께 수도 생활을 시작합니다. 바실리오가 남긴 수도 생활에 대한 작품들은 후대에 큰 영향을 미쳤는데, 이런 이유로 그는 '동방 수도 생활의 아버지'라 일컬어집니다. 서방 수도 생활의 아버지라 불리는 베네딕토도 '수도규칙서'에 바실리오의 이름을 언급하고 있을 정도지요.

364년 사제품을 받은 바실리오는 370년 카이사리아의 주교가 되어 분열된 교회의 일치를 위해 애쓰게 됩니다. 훗날 '위대한 바실리오'(대바실리오)라 불리게 되는 것은 이러한 사목 활동의 업적 때문입니다. 그가 사제로 서품되던 364년 제위에 오른 황제 발렌시오는 이단적인 믿음을 교회에 강요하며 정통 신앙을 견지하던 교회 지도자들과 대립합니다. 당시 교회는 이러한 상황 속에서 사분오열되어 있었습니다.

분열된 교회를 바라보는 고통을 바실리오 스스로 토로한 기록이 남아 있습니다(「도덕규칙서」 서문 '하느님의 심판'). 그는 철이 들어 세상을 알게 되고 여러 학문과 지식들을 배우면서 그러한 분야의 종사자들이 서로 긴밀히 일치하고 있는데 비해 유독 교회에만 분란이 있음을 알게 되었습니다. 교회를 위해 그리스도께서 죽으셨는데, 또 성령께서 풍성하게 내리신 곳이 교회인데 바로 그 교회에만 분란이 있습니다!

교회 지도자들이 서로 다른 견해를 앞세워 하느님의 교회를 분열시키는 것은 더 큰 고통이었습니다. 바실리오는 교회를 분열시킴으로써 양 떼들을 고통스럽게 하는 그들의 행위를 보고 성경 말씀을 떠올립니다. "바로 여러분 가운데에서도 진리를 왜곡하는 말을 하며 자기를 따르라고 제자들을 꾀어내는 사람들이 생겨날 것입니다."(사도 20,30) 오랫동안 고통스러워하며 대체 그 이유가 무엇인지 묻던 그에게 어느 날 판관기의 한 구절이 떠오릅니다. "그 시대에는 이스라엘에 임금이 없었다."(21,25) 이스라엘에 왕이 없던 판관들의 시대에 각자가 제 눈에 옳다고 여기는 일을 했던 것처럼 당시 사람들도 참된 임금이신 주님의 명을 따르는 것이 아니라 각자가 임금 노릇을 하기 때문에 이 모든 분란과 싸움이 일어나고 있다는 것이 그가 내린 결론이었습니다.

"나의 황제께서 그것을 금하신다."

이러한 상황 속에서 카이사리아의 대주교 바실리오는 로마 교황 다마소에게 사절을 보내고 알렉산드리아의 대주교 아타나시오에게 편지를 보내 도움을 요청하는 등 백방으로 애씁니다. 교회가 일치하여 공의회를 열고 같은 신앙을 고백하면 되지 않겠는가! 그러나 황제 발렌시오는 372년 바실리오에게 사람을 보냅니다. "너는 왜 황제의 종교를 따르지 않느냐?" 관리의 협박에 바실리오는 "나의 황제께서 그것을 금하신다."라고 대꾸합니다. 나의 황제는 주님이시라는 뜻이지요.
 "내 권력이 무섭지 않으냐?" 황제가 보낸 이는 콘스탄티노플 앞바다에서 성직자 수십 명이 탄 배를 불 질러 수장시

킨 무시무시한 자였습니다. "내게는 여러 수단이 있다. 재산 몰수, 유배형, 고문, 심지어 너를 죽일 수도 있다." 이러한 협박 앞에서 바실리오는 태연자약하게 대꾸합니다. "그런 것은 두렵지 않다. 다른 것은 없는가?" 놀란 것은 오히려 황제의 관리 모데스토였지요. "어느 누구도 나에게 이런 식으로 말한 자는 없었다." "그것은 그대가 주교를 만난 적이 없기 때문이다." 바실리오의 대답이었습니다. 참된 믿음 위에 서 있는 그리스도인의 모습이 여기 있습니다.

헥사메론은 인간과 짐승을 구분하는 것이 믿음, 곧 하느님을 알아보는 데 있다고 합니다.

"짐승들의 머리는 땅으로 굽어져 배를 바라보며 무엇에서든지 쾌락을 추구합니다. 그러나 그대의 머리는 하늘을 향해 있고 그대의 눈은 위를 바라봅니다. 그러므로 그대가 배와 본능을 섬기면서 육의 욕정에 굴복한다면 그대 또한 이성 없는 짐승과 다를 바 없으며 그들 가운데 하나가 됩니다."(헥사메론, IX,2,6) 그러므로 우리는 믿음 없음을 두려워해야 합니다. "그대에게 믿음이 없다면 그것을 맹수보다 더 두려워

해야 합니다. 그것이 그대를 온갖 부패의 먹이가 되게 할 것이기 때문입니다.

(헥사메론, IX,6,1)

가톨릭과 개신교를 합해서 국민의 절반 가까이가 그리스도인이라고 하지만 나라 형편은 하느님 나라와는 딴판으로 흘러가는 것 같습니다. 정작 우리는 스스로 왕 노릇을 하는 것은 아닐까요? 혹 하느님 아닌 다른 것에 대한 믿음 위에 서 있는 것은 아닐까요? 바실리오는 379년 1월 1일 50세를 일기로 세상을 떠납니다. 그리고 2년 후인 381년 콘스탄티노플 공의회가 열립니다. 삼위일체 교의를 최종적으로 확정한 이 공의회를 주재한 이는 그의 평생의 벗 나지안조의 그레고리오였습니다. 라틴 교회는 하느님에 대한 믿음 위에서 교회 일치를 위해 신명을 바쳤던 두 친구의 축일을 같은 날(1월 2일) 기념하고 있습니다.

깨어 있으라

그대 자신에 깨어 있으라 Homilia in illud: Attende tibi ipsi

오랜만에 텔레비전을 켭니다. 저녁이면 가끔 형제들이 수도원 휴게실에 모여 시간을 보내는데 이 방에 텔레비전이 한 대 있습니다. 화면에는 프라이팬 앞에서 땀을 흘리는 요리사 얼굴이 비칩니다. "먹는 얘기구나." 채널을 돌리니 이번에는 아이돌 그룹이 춤을 추며 노래하고 있습니다. "근데 어떻게 네 사람 얼굴이 다 똑같네." 형제들이 웃으며 그룹 이름과 신상을 알려 줍니다. '섹시'한 콘셉트로 노래하는 그룹이라고 합니다. 하느님께서 주신 것을 누릴 줄 알고 즐겁게 사는 일은 좋지만 요즘 방송을 보면 사람들은 온통 음식과 성에만 관심이 쏠려 있는 듯한 인상을 줍니다. 문득 그런 생각이 듭니다. 현대인들은 즐거움과 쾌락을 찾아 바깥을 두리번거리는 사이 정작 자기 자신에 대해서는 잊고 있는 것이 아닐까?

 그리스도인은 누구인가? 그리스도께서 우리를 사랑하신 것처럼 서로 사랑하는 사람들이다. 그리스도인은 누구인가? 늘 자기 눈앞에 주님을 뵙는 사람이다. 그리스도인은 누구인가? 주님께서 생각지도 않는 때 오신다는 것을 잊지 않고 날마다 모든 순간에 깨어 하느님을 기쁘게 하는 일을 행할 준비를 갖추는 사람이다.

(「도덕규칙서」 80,22)

카이사리아의 바실리오는 그리스도인을 '늘 깨어 있는 사람'이라 정의합니다. 위의 인용문은 모든 그리스도인이 삶의 지침으로 삼도록 신약 성경의 말씀을 뽑아 저술한 「도덕규칙서」Moralia의 마지막 구절입니다. 여든 가지의 규칙 아래 모두 1,542구절의 성경 말씀을 뽑아 적은 다음 결론 삼아 깨어 있으라고 권고하는 것이지요. 대바실리오 성인이 377년에 남긴 강론 'Attende tibi ipsi'(그대 자신에 깨어 있으라)를 함께 읽으면서 우리 마음자리를 돌아보려고 합니다. 세상을 떠나기 2년 전에 신명기 15장 9절을 풀어낸 강론입니다.

그대 자신에 깨어 있으라

'그대 마음속에 계명에 어긋나는 생각이 자리하지 않도록 그대 자신에 깨어 있으라.'(신명 15,9 참조) 우리 인간은 생각 속에서 죄를 범하는 경향이 있다. 이 때문에 한 사람 한 사람의 마음을 빚어 만드신 분께서는 대부분의 죄가 마음속에서 이루어지는 것을 아시고 마음 깊은 곳의 순결을 첫째가는 것으로 규정하셨다. 그분께서는 가장 쉽게 죄를 짓는 우리 마음에 주의를 기울이고 가장 잘 깨어 있어야 한다고 생각하셨다. 건강이 나쁜 사람들을 돌보고 구하는 의사들처럼 모든 이를 돌보는 영혼의 의사이신 그분은 죄에 가장 잘 기울어지는 곳인 우리 마음에 더 철저하게 주의하라고 명하셨다. 몸으로 이루어지는 바는 시간, 기회, 노고, 도움, 적합한 환경을 필요로 하지만 생각의 움직임은 어떤 순간에든 이루어지고 노고 없이 완수되며 어려움 없이 행해진다. 생각에는 모든 순간이 다 기회다.

(같은 글, 1장)

바실리오는 모든 것이 마음속에서 시작되므로 우리 마음에 주의를 기울여야 한다고 강조합니다. 이러한 생각은 그에게 독서직을 받은 에바그리우스 폰티쿠스를 통해 '여덟 가지 악한 생각'에 대한 가르침으로 발전합니다. 마음속에서 죄를 불러일으키는 여덟 '생각' loghismoi이 그것인데, 이는 그리스도교 칠죄종의 연원이 됩니다. 바실리오는 우리가 자기 자신과 소유물에 대해 혼동하고 있음을 지적하면서 그것들을 구별해야 한다고 합니다.

그러므로 그대 자신에 깨어 있으라. 그대가 가진 것이나 그대 주위에 있는 것이 아니라 오직 그대 자신에 깨어 있으라. 우리 자신과 우리가 가진 것, 우리 주위에 있는 것은 서로 다르다. 우리는 혼과 영이다. 우리를 창조하신 분의 모상으로 지음 받았기 때문이다. 우리가 가진 것은 육신과 감각이다. 우리 주위에 있는 것은 재산, 기술, 살아가는 데 필요한 모든 것이다. 그렇다면 자신에 깨어 있으라는 말은 무슨 뜻인가? 육신에 주의를 기울이지 말고 육신에 좋은 것, 건강, 아름다움, 쾌락, 장수를 찾지 말라는 것이다. 부유함과 영광과 권세를 높이 여기지 말라는 말이다. 세상 삶의 필요를 충족시키는 것을 크게 여기지 말라. 그러한 걱정에 사로잡혀 더 중요한 다른 삶을 가볍게 여기지 말라. 오히려 그대 자신에 깨어 있으라. 곧 그대의 영혼에 깨어 있으라. 영혼을 아름답게 꾸미고 돌보아, 더러운 모든 악에서 멀어질 수 있게 하라. 모든 부끄러운 악에서 깨끗하게 하여 영혼을 아름답게 꾸미라. 그리고 온갖 덕의 아름다움으로 영혼을 빛나게 하라.

(같은 글, 3장)

그대가 누구인지를 기억하라

바실리오는 부유하고 지체 높은 집안에서 태어났습니다. 그의 가문이 소유한 땅은 카파도키아, 폰토스, 아르메니아, 이렇게 세 지방에 걸쳐 있었다고 할 정도입니다. 또한 당대 최고 수준의 교육을 받았지요. 처음에는 카이사리아에서, 뒤이어 동로마의 수도인 콘스탄티노플에서, 그다음 아테네에서 유학합니다. 아테네에서는 막역한 벗이 될 나지안조의 그레고리오, 훗날 로마 황제가 되는 발렌시오와 함께 공부하기도 합니다. 그는 수사학 실력에 우쭐해져서 다른 사람들을 우습게 보다가 큰누나 마크리나의 가르침을 듣고 뉘우쳐 수도 생활을 선택합니다. 이 누이 마크리나는 나중에 성녀로 공경받게 되는 분입니다.

이 강론을 하면서 어쩌면 바실리오는 젊은 날의 자신을 떠올렸을지도 모릅니다. "저울의 한쪽 접시에 무거운 것을 올려놓으면 다른 쪽 접시는 당연히 가볍게 된다. 영과 육을 돌보는 일에서도 마찬가지이니 한쪽이 커지면 다른 쪽은 줄어들게 된다."(같은 곳) 내면에 관심을 기울이지 않는 사람은 자연스럽게 외부를 향하게 되고 외적인 힘이나 재산, 명예 등을 키우면서 마치 자기 자신이 커지는 것으로 착각하게 됩니다. 그러므로 그런 길에 들어서 있는 사람은 자기가 누구인지를 기억해야 합니다.

그대의 재산을 자랑하는가? 그대의 조상들로 자신을 높이 여기는가? 그대가 누리는 좋은 평판, 육신의 아름다움, 그대 나라에 대해 교만스러운가? 그대 자신에 깨어 있으라! 그대는 죽을 인간이며 흙으로 만들어졌으니 흙으로 돌아갈 것이다. 그대에 앞서 같은 영예를 누린 이들을 생각하라. 권력을 쥐고 있던 이들이 지금 어디에 있는가? 아무도 이길 수 없던 연설가들은? 볼거리를 만들어 내던 이들이며 유명한 말 조련사들, 장군들, 통치자들, 권력자들은 어디에 있는가? 모든 것이 먼지가 아닌가? 이 모든 것이 허망한 이야기들 아닌가? 그들을 기억하게 하는 것은 고작 뼈 무더기들 아닌가? 할 수 있거든 무덤에 가서 종과 주인, 가난한 이와 부자들을 구별해 보라. 할 수 있거든 왕과 죄수, 약자와 강자, 인물 좋은 자와 추한 자를 구별해 보라.

(같은 글, 5장)

현대인의 모든 문제는 자기 자신과 함께 있지 못하는 데서 비롯한다는 말이 있습니다. 자신에 대한 진실을 받아들이지 못하기 때문에 사람은 늘 밖으로 나가 돌아다니게 되지요. 게다가 인간의 욕망이 없으면 작동하지 않는 자본주의 체계가 끝없이 우리를 부추깁니다. 이 아파트를 사면 행복해지고 저 차를 타면 고귀해진다면서 끊임없이 욕망을 부추기는 상황에서 자신을 지키는 일은 쉽지 않을 것입니다. 그러나 자신이 누구인지 모르는 사람은 자신이 어디로

가는지도 알지 못할 것입니다. 그러므로 우리를 가만히 있지 못하게 하는 다른 걱정거리보다도 가장 시급하게 해야 할 일은 바로 이것일지도 모릅니다.

 그대가 누구인지를 기억하라. …그대가 자신에 대해 깨어 있으면 그대가 누구인지를 기억하게 되리라.

(같은 곳)

복되어라, 하느님을 따라 걷는 사람

시편 1편 강해

해가 뜨고 해가 지고 그렇게 하루하루가 지나가는 것 같지만, 때가 되면 또 달이 바뀌고 해가 바뀝니다. 수도원에서는 기도로 하루가 시작되고 기도로 하루가 끝납니다. 어떤 날은 아침 성무일도의 '즈카르야의 노래'를 바치면서 깊이 고개를 숙였다가 머리를 들면 저녁 성무일도의 '마리아의 노래'가 끝나가는 것 같은 착각도 듭니다.

요즘은 아침저녁으로 성무일도를 바치는 신자분들도 많지요. 성무일도는 '시간경'이라 부르기도 합니다. 하루를 일정하게 나누어 기도를 바침으로써 모든 시간을 하느님과 함께 지내려는 뜻일 것입니다.

지상에서 천사들의 합창대를 모방하는 것보다 더 복된 것이 무엇이겠습니까? 또 기도로 하루를 시작하고 찬가로 창조주를 공경하는 것보다 더 복된 것이 무엇이겠습니까? 그런 다음 태양이 찬란히 비출 때 도처에서 기도를 동반한 노동으로 돌아서고, 소금으로 양념하는 것처럼 찬가로 우리 노동을 양념하는 것보다 더 복된 것이 무엇이겠습니까? 찬가에서 오는 위로는 영혼에 기쁨을 가져다주고 슬픔을 거두어 줍니다.

(「서간집」 2,2)

대바실리오 성인이 젊은 시절 수도 생활을 시작하면서 절친한 친구인 나지안조의 그레고리오 성인에게 수도 생활을 권면한 편지 가운데 한 부분입니다. 여기에 나오는 찬가는 무엇보다도 시편을 가리킵니다. 시편은 이스라엘 사람들의 기도였고 예수님도 시편으로 기도하셨습니다. 유명한 "엘리 엘리 레마 사박타니" 또한 시편 22편의 한 구절이지요. 그러므로 시편은 교회의 기도가 되었습니다. 성무일도의 주된 부분이 시편과 신구약의 찬가들로 되어 있는 이유입니다. 대바실리오의 시편 1편 강해를 함께 읽으면서 성인이 바라보는 참삶의 길을 생각해 보고 싶습니다.

복된 목적지를 바라보며

인간이 큰 어려움 속에서 덕의 길로 나아가려 하지만 쾌락으로 기울어지는 경향을 가지고 있는 까닭에 올바른 길을 소홀히 하는 것을 성령께서 보시고 어떻게 하셨는가? 가락의 즐거움에 가르침을 섞으셨다. 말씀의 감미로움과 즐거움 속에 숨어 있는 쓸모를, 알지 못하는 사이에 얻게 하시려는 것이었다.

(「시편 1편 강해」 2)

가락으로 기도를 바치게 하신 하느님의 뜻은 "현명한 의사가 쓴 약을 처방할 때 잔의 둘레에 꿀을 바르는"(「시편 1편 강해」 2) 것과 같다는 것입니다. 이뿐만이 아닙니다.

그대는 여기서 신학에 대한 설명, 그리스도의 육화에 대한 예언, 심판에 대한 위협, 부활에 대한 희망, 벌에 대한 두려움, 영광에 대한 약속, 신비들의 계시를 찾아볼 수 있다. 이 모든 것이 마치 위대하고 공통되는 보물처럼 시편 속에 들어 있다.

(「시편 1편 강해」 3)

전해지는 시편 강해 가운데 대바실리오가 직접 쓴 것은 열세 편입니다. 성인은 이를 통해 나날의 삶에 대한 실제적인 가르침을 주고자 했습니다. "행복하여라! 악인들의 뜻에 따라 걷지 않고 죄인들의 길에 들지 않으며 오만한 자들의 자리에 앉지 않는 사람."(시편 1,1) 바실리오 성인은 이 짧은 말씀이 전체 시편들의 서문과도 같다고 보았습니다.

이 서문으로 시편 저자는 경건하게 살기 위해 싸우는 이들에게 즉각 복된 목적지를 보여 줍니다. 우리 앞에 놓인 행복에 대한 희망으로 삶의 고통을 잘 참아내도록 하려는 것입니다. 걷기 힘든 쓰라린 여정 가운데 있는 사람이 편안한 숙소를 희망함은 어려움 가운데 한 줄기 위안입니다. 상인들이 힘든 바닷길을 감행하는 것은 한몫 잡으려는 바람 때문이며 농민들의 노고를 잊게 하는 것은 수확에 대한 희망입니다. 이처럼 우리 모두가 삶에서 좋은 목표를 향하기를 바라시는 분, 진리의 영이신 위대한 스승께서는 지혜로써 모든 이의 눈앞에 보상을 놓아두셨으니 현재의 어려움 너머를 바라보면서 천상복락을 누리려는 정신으로 서둘러 가도록 하려는 것입니다.

(「시편 1편 강해」 5)

참행복으로 가는 길

이어서 성인은 참된 행복이 무엇인지를 설명합니다.

참으로 선하신 분, 곧 하느님께서 정확하고 첫째가는 의미에서 복되십니다. …그러나 무지한 인간은 외적인 것을 사랑하고 참된 선의 본질을 모르기 때문에 아무것도 아닌 것, 곧 재물, 건강, 외적인 것을 크게 받듭니다. 그러나 이들 가운데 아무것도 그 본질상 참된 선은 없습니다. 그것을 소유한 사람조차 선하게 만들지 못하기 때문입니다. 사실 재물로 의로워진 사람이 누구입니까? 건강 때문에 지혜로워진 사람이 있습니까? 오히려 그 반대입니다. 이들은 그것을 소유한 사람들에게 종종 죄의 원인이 됩니다. 그러므로 참으로 받들 만한 선을 소유한 사람은 복되며, 빼앗길 수 없는 선을 누리는 사람은 복됩니다.

(「시편 1편 강해」 6)

그렇다면 참행복으로 가는 길은 어떻게 시작될까요?

우리는 또한 선을 얻는 일의 바탕은 악으로부터 떨어져 나오는 것이라고도 말합니다. 실상 이렇게 말하고 있습니다. '악을 멀리하고 선을 행하라.' 그러므로 지혜롭고 명민하게 덕의 길을 바라며 선의 시작으로 악을 멀리하는 것입니다.

(「시편 1편 강해」 6-7)

성인에 따르면 시편 1편의 첫 구절은 악을 멀리하는 원리를 설명하고 있습니다.

우리 앞에 세 가지가 놓여 있습니다. 우리 자신을 살피도록 하는 세 가지입니다. "행복하여라! 악인들의 뜻에 따라 걷지 않고 죄인들의 길에 들지 않으며 오만한 자들의 자리에 앉지 않는 사람."

참된 행복이 하느님의 뜻에 따라 걷는 삶이라면 참행복의 반대편에는 불신, 믿음의 부족이 있습니다. 그리고 그것이야말로 시편 1편의 첫 구절이 가리키는 것입니다. '악인들의 뜻에 따라 걷는 것'이 바로 그것입니다.

'우주를 주재하시는 분이 하느님이 맞을까? 사람들에게 모든 것을 분배해 주시는 분이 하늘에 계시는 하느님일까? 심판이 있을까? 사람들이 행한 바대로 그에 맞는 상급이 주어질까? 왜 의인은 비참한 상태에 있고 죄인은 잘 지낼까? 왜 이 사람은 약하고 저 사람은 강할까? 이 사람은 영예를 누리고 저 사람은 그렇지 못한 것은 무슨 이유일까? 우주는 그저 우연히 움직이며 사람들의 운명을 결정하는 아무런 이유도 없이 그저 그렇게 굴러가는 게 아닐까?' 그대가 이렇게 생각한다면 그대는 악인들의 뜻에 따라 걷는 것입니다. 복되어라, 하느님을 의심하지 않으며 여러 상황 중에 마음을 빼앗기지 않고 미래를 내다보는 사람. 자신을 창조하신 분을 의심치 않고 신뢰하는 사람.

(「시편 1편 강해」 9)

「시편 1편 강해」는 그 첫 구절을 설명하는 것으로 그칩니다. 성인은 첫 구절을 설명한 뒤 인생이 길과 같다고 말하지요.

우리네 사람들은 일종의 경주로를 달려갑니다. 모두가 서둘러 목적지를 향해 갑니다. 그러므로 우리는 모두 길 위에 있습니다.

(「시편 1편 강해」 10)

다들 바쁘게 움직이며 살지만 정작 내가 어디로 가는지, 내 삶의 참행복은 어디에 있는지는 묻지 않고 사는 게 우리가 사는 세상 모습이 아닌가 싶습니다. 이 글을 읽는 여러분도 잠시 길을 멈추어 서서 참행복의 길을 돌아보고 나는 하느님을 찾는 길에서 어디만큼 와 있는지 스스로 물어보면 어떨까요?

2

대大그레고리오

Gregorius Magnus, 540-604년

끝없는 길 언제나 새로운 길

고통받는 사람

욥의 도덕 Moralia in Iob **1**

차라리 없어져 버려라, 내가 태어난 날, "사내아이를 배었네!" 하고 말하던 밤! 그날은 차라리 암흑이 되어 버려 위에서 하느님께서 찾지 않으시고 빛이 밝혀 주지도 말았으면. 어둠과 암흑이 그날을 차지하여 구름이 그 위로 내려앉고 일식이 그날을 소스라치게 하였으면. 그 밤은 흑암이 잡아채어 한 해 어느 날에도 끼이지 말고 달수에도 들지 말았으면. 정녕 그 밤은 불임의 밤이 되어 환호 소리 찾아들지 말았으면. 그 밤이 내 모태의 문을 닫지 않아 내 눈에서 고통을 감추지 못하였구나.

(욥 3,3-7.10)

고통 속의 욥이 자신이 태어난 날을 저주하는 유명한 구절입니다. 고통 없는 인간은 아무도 없겠지만 우리 눈에도 특별한 고통 속에 사는 것처럼 보이는 이들이 있습니다. 무서운 병고, 사회적 불의 때문에 당하는 억압, 사람들에게 알릴 수도 없이 혼자서만 감당해야 하는 고통…. 사람들은 그 속에서 고통의 의미를 묻습니다. 의미를 알 수 없는 고통이야말로 견디기가 어렵기 때문입니다. 다가오는 고통에 속수무책인 사람은 고통을 겪는 자신에게 시선을 돌리게 되지요. 욥의 절규는 고통의 극한에서 자신의 존재마저 부정하고 싶은 인간의 모습을 드러냅니다.

"고난받는 의인의 마음자리에 서 볼 줄 모르는 사람은 고통의 말을 이해할 수 없다. 고통받는 사람의 자리에 서 볼 줄 아는 사람만이 영혼의 상태를 이해할 수 있는 법이다." 성 그레고리오 대교황은 「욥의 도덕」Moralia in Iob 서문에서 이렇게 이야기합니다. 욥기를 주해한 그레고리오 대교황의 작품 「욥의 도덕」을 함께 읽으면서 그분이 살아 낸 고통과 부활의 의미를 되짚어 보려고 합니다.

그레고리오 교황좌에 오르다

 대大그레고리오Gregorius Magnus는 540년에 로마의 명문가인 아니키아 가문에서 태어났습니다. 아버지 고르디아누스는 원로원 의원이었고 어머니 실비아는 성녀로 공경을 받고 있지요. 어려서는 고모들이 세운 수도원에서 성경과 교부들에 대해 배웠고, 서른세 살이 되는 573년에는 가장 높은 관직인 로마의 시장praefectus urbi 자리에 올랐습니다. 그러나 그는 세상이 부질없음을 깨닫고 하느님만 섬기기로 결심한 뒤 578년에 첼리오 언덕에 있는 저택을 수도원으로 개조해 수도 생활을 시작합니다.
 이런 인물을 세상이 가만 내버려 둘 리가 없지요. 교황 베네딕토 1세가 그에게 부제직을 맡깁니다. 당시 로마는 일곱 구역으로 나뉘어 각 구역을 사제 한 사람과 부제 한 사람이 관할했는데 부제는 가난한 이들에게 재물을 분배하는 등 교회의 재산 관리를 담당했으므로 덕과 능력이 검증된 사람이 맡는 게 보통이었습니다.
 579년에는 교황 펠라지오 2세에 의해 콘스탄티노플에 교황 대사로 파견됩니다. 당시는 서로마 제국 멸망(476년) 이

후여서 동로마 제국의 수도인 콘스탄티노플의 교황 대사 직무는 결코 가벼운 것이 아니었습니다. 이때 그레고리오는 공동체 형제들과 함께 콘스탄티노플에 가서 수도 생활을 하면서 대사 직무를 수행합니다. 평생의 벗 세비야의 레안드로(534-600년)를 만난 곳도 이곳입니다. 당시 유배 중이던 레안드로도 이 수도 공동체에 합류해 살았습니다. 레안드로와 수도 공동체 형제들의 청으로 그는 욥기를 해설하게 되는데 이것이 바로 「욥의 도덕」입니다.

586년 봄, 로마로 귀국한 그레고리오는 수도원으로 돌아가지만 상황은 그의 바람대로 되지 않았습니다. 589년 테베레 강이 범람하여 식량 창고가 홍수 피해를 입었는데 다음 해 봄에 설상가상으로 흑사병까지 돌아 교황 펠라지오를 비롯한 수많은 사람이 희생된 것입니다. 로마 시민들은 지도자를 찾아 첼리오의 수도원 앞에 모여듭니다. "그레고리오 교황!"을 연이어 외치는 사람들 앞에서 그는 어떻게든 이 무거운 직무를 피하려고 애썼지만 결국 590년 9월 3일 교황좌에 오릅니다.

시련 속에 드러나는 하느님의 자비

놀라운 덕을 많이 가진 이 사람, 욥을 하느님과 욥 자신은 알고 있었습니다. 그러나 시련 앞에서 어려움을 겪지 않았다면 그는 우리에게 알려지지 않았을 것입니다. 평온하게 살 때도 그는 덕을 행했지만, 덕에 대한 그의 명성은 고통 속에서 흔들렸을 때 퍼져 나갔습니다. 평화 속에서 사는 동안 그는 제 모습을 안에 간직했으나 흔들림 속에서 모든 이에게 지속적인 향기를 퍼뜨렸습니다. 향유가 흔들리지 않으면 멀리까지 제 향기를 보낼 수 없고 유향이 불에 살라지지 않으면 제 향을 날리게 할 수 없듯이 거룩한 이들의 덕스런 향기도 시련 속이 아니면 퍼지지 않습니다. 겨자씨 하나가 으깨어지지 않고 남아 있으면 가진 맛이 알려질 수 없지만 으깨어지면 제 안에 숨어 있던 맛이 모두 드러납니다. 이처럼 성인들도 시련을 겪기 전에는 누구나 용렬한 사람 같지만 고통의 방아 돌에 으깨어지기 시작하면 곧바로 자신의 맛과 향을 드러냅니다. 처음에는 가치 없고 약해 보이던 것이 모두 덕의 열성으로 변하는 것입니다. 평온한 때에는 제 안에 고요히 간

직되던 것 모두가 고통을 겪게 되면 시련으로 인해 드러납니다. 그러므로 예언자는 이렇게 말하는 것입니다. '주님께서는 낮에 당신 자비를 보내시고 밤에 그 자비를 드러내신다.'(시편 42,9-대그레고리오의 작품에 인용된 것으로 현대 번역과 차이가 있음) 주님은 당신 자비를 낮에 보내십니다. 자비를 받아들이고 감사하는 것은 평온의 때인 까닭입니다. 그 자비는 밤에 분명히 드러납니다. 평온의 때에 받은 선물일지라도 시련 속에서 드러나는 까닭입니다.

(「욥의 도덕」, 서문 II,6)

고통, 타인에게 가까이 가는 지름길

대그레고리오는 욥에게서 자신을 보았습니다. 그 또한 고통 속에서 산 인물입니다. 젊었을 때 엄격한 단식을 하면서 건강을 해친 그레고리오는 위병 때문에 목소리를 내기가 어려워 교황이 된 뒤에도 자주 다른 사람이 강론을 대신 읽어야 할 정도였습니다. 만년에는 병이 심했는데 598년에 쓴 편지를 보면 이런 대목이 있습니다.

몇 번의 예외를 빼면 나는 벌써 열한 달째 침대에서 일어나지 못하고 있네. 삶을 참을 수 없는 형벌로 만드는 고통일세. 날마다 고통으로 탈진해서 유일한 처방으로 죽음을 기다리고 있다네.

(서간 9,123)

인간의 비참은 그에게 이론이 아니라 생생한 현실이었습니다. 그러나 그레고리오는 병 때문에 자신 안에 갇힌 것이 아니라 오히려 더욱 스스로를 열고 타인을 더 잘 이해했습니다.

그때는 그들 가운데 많은 이들이 넘어질 것이며 강한 이들은 작은 이들이 겪는 고통을 제 고통으로 여기고 마음 깊이 아파할 것입니다. 약한 이들의 어려움은 연민 때문에 강한 이들의 마음속에 되살아날 것입니다. 바오로는 말합니다. '누가 약해지면 나도 약해지지 않겠습니까? 누가 다른 사람 때문에 죄를 지으면 나도 분개하지 않겠습니까?' 사람은 다른 사람의 고통을 더 깊이 느끼는 만큼 완덕에 가까워집니다.

(「욥의 도덕」, ⅩⅨ,18)

그에게 고통은 타인에게 더욱 가까이 가게 하는 지름길이었습니다. 시대가 겪는 고통 또한 병고에 못지않았습니다. 로마는 이방 민족의 침입 앞에 속수무책이었고 제도도 교육도 쇠퇴했으며 흑사병이 창궐해 종말이 임박해 보였습니다. 그러나 그레고리오는 시대의 고통 앞에서 그것이 종말을 가져오는 파국이 아니라 임박한 구원의 선포라고 가르칩니다. 이러한 임종의 징후에서 그는 출산의 표지를 읽었던 것입니다. 출산은 고통의 시간이지만 동시에 희망의 시간이기도 하기 때문입니다.

고통스러워하는 사람들의 소리가 사방에서 들리는 시대를 살고 있습니다. 이 시대의 고통은 과연 무엇을 낳으려는 출산의 고통일까요? 우리는 이웃들의 고통을 깊이 느끼며 하느님께 다가가고 있을까요? 이 고통을 통해 우리가 낳아야 할 새로운 세상은 어떤 모습일까요?

욥의 도덕 2

595년 7월 그레고리오 교황은 평생의 벗인 세비야의 레안드로(534-600년)에게 편지를 씁니다. 교황 대사 시절 콘스탄티노플에서 시작한 「욥의 도덕」 저술을 드디어 마쳤음을 알리고 읽어 보아 주기를 청하는 편지입니다. 이 편지에서 그는 욥의 모습에 자신을 비추어 봅니다.

"나로 하여금 고통을 겪는 욥의 이야기를 고통 속에서 해설하게 하고, 이토록 시련을 겪은 한 사람의 영혼을, 시련을 통하여 더 잘 이해하게 한 것은 어쩌면 하느님의 섭리였던 것 같네."

그레고리오는 자신의 고통 속에 갇히지 않고 스스로 겪는 고통을 통해 이웃의 고통을 이해하는 데까지 나아갑니다. 그의 고통은 이웃을 이해하고 사랑하며 그들을 섬기는 길로 그를 이끌었던 것입니다. 이를 대그레고리오 교황의 '섬김의 영성, 사목의 영성'이라 부를 수 있습니다. 우리는 「욥의 도덕」에서, 그리스도인은 이러한 섬김과 사랑을 통해 관상에 이른다는 가르침을 만나게 됩니다. 여기서 그레고리오가 말하는 관상은 흔히 우리가 연상하듯 골방에 가부좌를 틀고 앉아 있는 사람의 기도를 가리키지 않습니다.

사랑을 통해 하느님을 안다

'자네가 하느님의 발자취를 찾아내고 전능하신 분을 온전히 발견했다는 말인가?'(욥 11,7-대그레고리오의 작품에 인용된 것으로 현대 번역과 차이가 있음) 하느님의 발자취라는 말이, 그분이 당신의 선하심으로 우리를 찾아오시는 것을 말하는 게 아니라면 무엇이겠습니까? 그분 성령의 숨결이 우리를 건드릴 때 그분의 발자취는 우리를 일깨워 가장 높은 실재를 향해 우리를 들어 올리며, 육적인 근심 너머로 들어 올려진 우리는 사랑을 통해 창조주의 아름다움을 알게 됩니다. 그 아름다움은 우리가 바라는 관상에 주어진 아름다움입니다. 실상 영적인 조국에 대한 사랑이 우리 영혼을 불사르고 우리가 따라야 할 길을 보여 줄 때 하느님께서는 우리의 영혼이라는 땅을 밟으시며 그곳에 당신 발길의 흔적을 새기십니다. 그렇게 하심으로써 우리 생각이 인생길에서 바르게 걷도록 이끄십니다. 우리는 그분 사랑의 발자취를 따르며 아직 우리가 보지 못하는 그분을 찾아야 합니다.

(「욥의 도덕」, 10,13)

그레고리오는 본래 수도원에서 하느님을 찾던 사람이었습니다. 그러나 교회의 요청에 응해 부제로, 교황 대사로, 나중에는 교황으로 섬김의 삶을 살면서 우리가 사랑, 곧 형제 섬김을 통해 하느님을 알게 된다는 결론에 이릅니다. 하느님을 알게 된다, 곧 관상에 이른다는 말이지요. 그레고리오는 일찍부터 '하느님의 종들의 종'servus servorum Dei이라는 서명을 사용한 분입니다. 지금은 그것이 교황들이 사용하는 서명이 되었습니다. 하느님의 종들을 섬기는 가장 큰 종이라는 뜻입니다. 섬기는 사람에게 직무란 많은 사람의 고통을 등에 지고 가는 길입니다. 직무를 군림하는 일로 여기는 사람에게는 그렇지 않겠지만요. 그 사랑의 길은 어쩔 수 없는 고통을 수반하기에 그레고리오는 자신이 떠나온 수도 생활을 늘 그리워합니다.

자주 그러듯, 폭풍우가 시작되면 파도는 가장 안전한 항구 안에서도 제대로 결박되지 않은 배를 끌어내 버리네. 이처럼 거룩한 명령 때문에 나는 갑자기 세상일이라는 난바다(육지에서 멀리 떨어진 바다)에 처하게 되었고 그때는 단단하게 붙잡을 줄 몰랐던 수도원의 평화를 잃었네. 그제야 그것이 얼마나 귀중한지를 알았네. 순명의 덕은 나로 하여금 교회에 대한 봉사 때문에 제단의 직무를 받아들이게 하지만 그 누구에게도 해를 입히지 않고 거부할 수만 있다면 나는 다시 도망쳐 그것을 거부했을 걸세.

(서간, 5,53)

절친한 벗에게 털어놓는 이야기에서 지극히 인간적인 그레고리오의 모습을 볼 수 있습니다. 여기서 '다시 도망친다'는 말은 로마 시민들이 그에게 교황직을 받아들이라고 강요할 때 황제에게 편지를 쓰면서까지 그 직을 거부하려 한 일을 염두에 둔 표현입니다. 그러나 로마 시장이 그 편지를 감추고 전달하지 않았기 때문에 그레고리오는 뜻을 이루지 못했지요.

참된 관상과 참된 활동

그레고리오는 하느님을 찾는 영혼은 관상에 이르기 전에 활동의 노고를 감수해야 한다고 말합니다. 그는 이것을 게라사의 악령 들린 사람의 모습(마르 5,1-20)에 비깁니다.

첫 번째 오는 것은 활동이며 마지막은 관상입니다. 그러므로 완전한 사람은 먼저 영혼을 덕으로 단련해야 하고 그 다음에 침묵이라는 곳간에 그것을 모아들입니다. 주님의 명으로 악령에게서 벗어난 사람이 구세주의 발치에 앉아, 가르치는 말씀을 받아들이며 치유해 주신 분과 함께 자기 땅을 떠나고자 하지만 진리 자체이신 분은 말씀하십니다. '먼저 너의 집으로 가서 주님께서 너를 위해 행하신 것을 알려라.' 사실 하느님을 조금 알게 되었을 때 우리는 더 이상 인간적인 것들로 돌아가거나 이웃의 짐을 대신 져주기보다는 관상 속의 침묵을 찾으면서, 어려움 없이 우리를 쉬게 해주는 것만을 사랑합니다. 그러나 진리이신 분은 우리를 치유하신 뒤 집으로 보내시며 그분이 우리와 함께 행하신 모든 것을 이야기하라고 명하십니다. 다시 말해서, 영혼은 먼저 실제적 활동을 통해 땀을 흘려야 하고 그런 다음 관상을 통하여 쉴 수 있는 것입니다.

(「욥의 도덕」, 6,60)

누구나 그렇듯이 주님을 맛들이기 시작한 사람은 이웃 사랑이 가져오는 부담을 피하고 하느님 안에 머무르는 기쁨을 찾으려 합니다. 그러나 이것은 이기주의가 가져오는 도피일 수 있습니다. 교황이 된 이듬해(591년)에 레안드로에게 보낸 편지에는 이런 구절이 있습니다. "지금 이 자리에서 나는 세상의 파도에 너무 시달리고 있네. 그래서 다 부서져 가는 낡은 배를 항구까지 끌고 가지 못할까 봐 걱정에 시달린다네."

교회를 이끄는 최고 사목자로서 겪는 그레고리오의 고통이 잘 드러나는 이야기입니다. 관상에 대한 사랑 때문에 활동을 경시해서는 안 된다고 경고한 그레고리오는 활동에 몰두한 나머지 기도를 소홀히 하는 위험도 경계할 것을 가르칩니다.

 관상에 대한 사랑 때문에 사도로서 해야 할 일을 소홀히 하는 사람이나 활동이 급하다고 해서 관상을 다음 자리로 미루는 사람은 완전한 복음 선포자가 아닙니다. … 인류의 구세주께서는 낮에는 마을에서 기적을 행하셨고 밤에는 산 위에서 기도에 전념하십니다. 기도에 대한 사랑으로 활동을 팽개치지 말며 과한 활동 때문에 관상의 기쁨을 소홀히 하지 않도록, 오히려 다른 이들에게 선포할 말씀을 관상의 침묵 속에서 길어 내도록 참된 복음 선포자들을 가르치시려는 것입니다. 사람은 관상으로써 하느님 사랑 안에 들어 올려지고 말씀을 선포하는 일로써 이웃 섬김으로 되돌아가는 것입니다.

「욥의 도덕」, 6,56)

대그레고리오는 참된 기도, 참된 관상은 수도원의 침묵 속이 아니라 이웃을 섬기는 가운데 있으며 우리가 이웃을 섬기기 위해 몸을 굽히는 그만큼 사람은 하느님을 뵙는 관상의 정점에 이른다고 가르쳤습니다. 격동기 유럽, 교황으로서 역사의 험한 파고를 헤쳐 나가며 새로운 시대의 장을 열기 위해 애쓴 그레고리오! 그는 절망 속에서 희망을 전하기 위해서는, 그 시대의 고통에 온전히 참여하면서 그들 가운데 살아야 함을 자신의 삶으로 웅변하고 있습니다. 그것이 사람들 속에 살면서 하느님을 뵙고 그분을 선포하는 길이었던 것입니다.

하느님을 만나기 위해 내가 섬겨야 할 형제자매는 지금 어디에 있는가? 그레고리오 교황은 지금 우리에게 묻고 있습니다.

탈렌트, 내게 맡겨진 것

복음서 강해

유학 시절 친하게 지내던 아프리카 출신 신부님이 있었습니다. 순박하고 성실한 그 신부님과 가끔 함께 공부하곤 했는데 어느 날 보니 그분이 사용하는 문방구들이 제가 초등학교 다니던 70년대에 쓰던 것들과 비슷했습니다. 기회 있을 때마다 제가 갖고 있던 것들을 나누었지요. 그런데 얼마 뒤에 보니 그분은 예전의 연필과 노트를 그대로 쓰고 있었습니다. 어떻게 된 거냐고 물었더니 저에게 받은 문구들을 고향 아이들에게 보낸 것이었습니다. 못 가진 다른 이들을 먼저 생각하는 그 신부님의 마음에 가슴이 찡했습니다. '나는 갖지 못한 것만 바라보면서 아쉬워하고 있는 게 아닐까, 내가 가진 것에 감사할 줄은 모르면서?' 이 일은 한편으로는 제 삶을 돌아보는 계기가 되었지요.

그 누구도 게으르게 살면서 자신은 탈렌트를 받지 않았다고 생각할 수 없음을 알아야 합니다. 사실 어느 누구도 '나는 아무런 탈렌트도 받지 않았으니 셈을 바칠 것이 없다.'고 말할 수 없습니다. 아무리 가난한 사람이라 해도 자신이 받은 아주 작은 것을 탈렌트로 여길 수 있을 것입니다.

(성 대그레고리오, 「복음서 강해」 9,7)

대그레고리오 성인의 「복음서 강해」Homiliae XL in Evangelia 중에서 마태오 복음서 25장에 나오는 탈렌트의 비유 이야기(25,14-30)를 함께 읽어 보려고 합니다. 대그레고리오는 미사 중에 복음서를 풀이하는 것을 주교가 해야 할 중요한 일 가운데 하나로 여겼습니다. 「복음서 강해」는 대그레고리오가 590년부터 593년 사이에 행한 40편의 강론을 묶은 것입니다. 이 중 1번부터 19번까지의 강론(17번 강론은 제외)은 비서가 대신 읽어야 했는데 성인이 병약해서 목소리를 제대로 낼 수 없었기 때문이라고 하지요. 이분이 평생 겪은 병고를 염두에 두고 위의 인용문을 읽으면 그 뜻이 더 생생하게 다가오는 것 같습니다.

지금은 너그럽게 영적 선물을 허락하시지만

한 사람에게는 다섯 탈렌트가, 다른 사람에게는 두 탈렌트가, 또 한 사람에게는 한 탈렌트가 맡겨집니다. 다섯 탈렌트는 육신의 감각들이니 시각, 청각, 미각, 후각, 그리고 촉각입니다. 다섯 탈렌트는 오감의 선물을 상징합니다. 다시 말해 우리 밖에 있는 것들을 인식하는 것입니다. 두 탈렌트는 지성과 의지를 가리킵니다. 반면 한 탈렌트는 지성을 가리킵니다. 다섯 탈렌트를 맡은 종은 다섯 탈렌트를 더 벌었습니다. 사실 어떤 이들은 내밀하고 신비로운 진리의 깊은 의미를 이해하는 능력이 부족해도 하늘나라에 대한 사랑 때문에, 우리를 둘러싸고 있는 실재로부터 얻은 가치들을 다른 사람들에게 전달할 수 있습니다. 이들은 우리를 둘러싸고 있는 육의 교만, 지상 것에 대한 야망, 보이는 것에 대한 탐욕에 대해 경고함으로써 사람들이 그것들을 멀리하도록 마음 쓰는 사람들입니다. 또 두 탈렌트로 부유하게 된 사람처럼 활동의 능력과 지성을 갖게 되어 영에 대한 세밀한 진리를 이해하며 실제적인 일에서도 으뜸가는 결과를 가져오는 사람들도 있습니다. 이들은 다른 사람들을 위한 안내자가 되어 지성과 활동 양면에서 곱절의 것을 벌어들입니다. 비유가 이야기하듯이 이 두 종이 각각 다섯 탈렌트, 두 탈렌트를 번 것은 당연합니다. 사람들에게 말씀을 선포한 사람은 자신이 받은 탈렌트가 곱절로 늘어나는 것을 보기 때문입니다. 반면 한 탈렌트를 받은 종은 가서 땅을 파고 주인의 돈을 숨겼습니다. 탈렌트를 땅에 숨긴다는 것은 지성의 선물을 단지 세속의 일에만 적용하며 영적 이득을 찾지 않고 마음에서 세속적인 애정을 결코 떼어내지 않는다는 뜻입니다. 실상 지성의 선물을 받았음에도 세상일에만 마음을 쓰는 사람들이 있습니다. 그들을 두고 예언자는 이렇게 말합니다. '악을 저지르는 데는 약삭빠르면서도 선을 행할 줄은 모른다.'(예레 4,22) 그러나 주님께서는 탈렌트를 맡겨두신 뒤 셈을 하기 위해 돌아오십니다. 사실 그분은 지금은 너그럽게 영적 선물을 허락하시지만 심판 날에는 각자가 받은 것과 맡겨진 선에 더해 벌어들인 것을 헤아려 맺은 열매에 대해 엄격하게 물으실 것입니다.

「복음서 강해」 9,1

대그레고리오 성인의 성경 주석은 대개 세 가지 단계로 이루어집니다. 첫 단계는 역사historia입니다. 성경 본문에서 실제 어떤 일이 있었는지 살피는 것입니다. 이 단계는 우의allegoria로 이어지는데 이는 그 본문이 품고 있는 진리를 살피는 것입니다. 마지막 단계는 윤리적 의미mores로서 성경을 완전하게 이해하는 데 필수적인 단계입니다. 여기서 '윤리'란 우리 활동, 삶을 가리킵니다. 하느님 말씀을 우리가 어떻게 살아야 하는지 이해했을 때 비로소 성경을 완전하게 이해했다고 말할 수 있다는 것이지요. 우의가 믿어야 할 진리를 가리킨다고 보면 "믿음으로부터 행함에 이른다"(「에제키엘서 강론」 Ⅱ,7)는 그레고리오 성인의 말을 납득할 수 있습니다.

여러분이 받은 것에 대해 진지하게 생각하십시오

받은 탈렌트의 결실을 내어놓지 않은 종은 주인 앞에 나아가 핑계를 댑니다. '주인님, 저는 주인님께서 모진 분이시어서, 심지 않은 데에서 거두시고 뿌리지 않은 데에서 모으신다는 것을 알고 있었습니다. 그래서 두려운 나머지 물러가서 주인님의 탈렌트를 땅에 숨겨두었습니다. 보십시오, 주인님의 것을 도로 받으십시오.'(마태 25,24-25) 이 말을 주의해서 보아야 합니다. 이 무익한 종은 스스로 협력해야 할 일은 도외시해 놓고도 받은 탈렌트의 결실을 내는 것이 두려웠다고 말하면서 주인을 모진 사람이라고 합니다. 그가 마음 써야 할 단 한 가지, 곧 주인에게 최소한의 결실도 가져다주지 않으면서 말입니다. 사실 거룩한 교회 안에도 비슷한 사람들이 많습니다. 이 종이 바로 그러한 사람들의 모습입니다.

그들은 더 나은 삶의 길로 들어가는 것은 두려워하면서 무기력 속에 누워있는 것은 두려워하지 않는 사람들입니다. 스스로 죄인임을 알면서도 거룩함의 길로 들어설 결심을 하지 않고, 자기 죄 속에 머무는 것에 두려움을 느끼지 않는 사람들입니다. 아직 영의 불확실함 속에 있던 베드로가 그러했습니다. 기적적인 고기잡이 후에 '주님, 저에게서 떠나주십시오. 저는 죄 많은 사람입니다'(루카 5,8) 하고 외쳤을 때 그러했습니다. 그대가 죄인이라 여긴다면 주님으로부터 멀어져서는 안 됩니다. 더 나은 행실의 길로 들어설 결심을 하지 않고 더 정직한 삶을 지향하지 않는 사람들은 스스로 약하며 죄인이라 느끼기 때문에 그렇게 합니다. 그러나 그렇게 함으로써 주님으로부터 멀어져 가고 거룩함의 샘이신 그분, 자신들 안에 모셔야 할 그분으로부터 떠나갑니다.

「복음서 강해」 9,3

내가 받은 탈렌트에 대해 생각합니다. 우리가 살아가는 세상에서는 자신이 가진 것을 헤아리고 그것을 제대로 누리기보다는, 다들 갖지 못한 것을 바라보면서 그것을 향해 줄달음치며 살아가는 것 같습니다. 신자유주의가 득세하는 세상에서 '자본주의는 욕망을 조직한다'는 말을 날마다 실감합니다. 조직된 욕망은 더 가지기 위한 폭력, 남의 것을 빼앗기 위한 전쟁으로 이어지지요. 어쩌면 이 삶은 어디로 가는지도 모르면서 마구 뛰어가는 삶입니다. 다시금 우리가 받은 탈렌트를 챙겨보아야 하는 때가 아닐까요? 자본주의가 욕망을 조직한다면 그리스도의 교회는 사랑을 조직합니다. 물질적으로는 그 어느 때보다 풍요롭지만 정신적, 영적으로는 그 어느 때보다 가난하고 비참한 것이 우리 현실일지도 모릅니다. 우리가 받은 가장 귀한 탈렌트, 신앙의 선물을 삶으로 증거하고 세상에 선포하는 일, 이 일에 나서지 않는다면 우리는 언젠가 주님에게 쓸모없는 종이라 불리는 날이 올지도 모릅니다.

사랑하는 형제들이여, 여러분이 받은 것에 대해 진지하게 생각하십시오. 여러분이 들은 것의 열매가 여러분에게 요구되기 때문입니다.

(「복음서 강해」 9,4)

3

아우구스티노

Aurelius Augustinus, 354-430년

끝없는 길 언제나 새로운 길

인간 앞에 무릎 꿇으시는 하느님

요한 복음 강해

완덕으로 이끄는 모든 길 가운데 첫째 길은 겸손이다. 둘째 길도 겸손이다. 셋째 길 또한 겸손이다. 그대가 몇 번을 묻더라도 내 대답은 같을 것이다. 다른 길이 없어서가 아니라 모든 선한 행위에 겸손이 앞장서고, 함께하고, 뒤를 따르지 않으면 … 교만이 모든 것을 우리 손에서 앗아갈 것이기 때문이다.

(서간 118, 3, 22)

중세 유럽에서 성경 다음으로 널리 필사된 책이 「고백록」

이라고 하지요. 영적 지침서로 널리 읽힌 이 작품은 성 아우구스티노(Aurelius Augustinus, 354-430년)의 길고 고통스런 회심의 여정을 담고 있습니다. 아우구스티노는 열아홉 살에 키케로의 「호르텐시우스」를 읽고 진리를 찾아 나서기로 결심합니다. 그는 우선 성경에서 진리를 찾으려 했지만 이성의 눈으로 본 성경은 도무지 받아들이기가 어려웠습니다.

성경을 읽으신 분들은 창세기에 나오는 유다와 타마르 이야기, 롯의 딸들 이야기를 기억하실 것입니다. 또 마태오 복음과 루카 복음은 서로 다른 예수님의 족보를 싣고 있지요. 어린 시절부터 총명하여 이웃 독지가의 도움을 받아 카르타고까지 유학을 온 젊은 아우구스티노에게 성경의 이런 모습은 실망스러웠습니다. 결국 그는 그리스도교를 '아낙네들의 종교' 정도로 여기고 이단인 마니교에 혹하게 됩니다.

그가 다시 교회로 돌아오기까지는 길고 고통스런 모색기를 거쳐야 했습니다. "저는 제 하느님이신 겸손하신 예수님을 모실 만큼 겸손하지 않았고 그분 약함의 가르침도 아직 알지 못하였습니다."(고백록, Ⅶ,18,24) 후에 고백하듯 관건은 교만이었습니다. 마침내 그는 참된 진리를 그리스도 안에서 발견합니다. 사랑으로 육화의 길을 택하신 그리스도의 겸손이 그것입니다.

아우구스티노를 흔히 은총의 박사라고 부릅니다. 하느님 신비의 깊이를 꿰뚫어 본 그의 면모에서 비롯된 호칭입니다. 하느님의 신비를 꿰뚫는 사람은 인간의 모습 또한 깊이 이해합니다. 그래서 아우구스티노를 겸손의 박사라고도 부르지요. 그의 작품 「요한 복음 강해」Tractatus in Evangelium Ioannis의 세족례 대목(강해, 55-59)을 읽으면서 하느님과 인간의 신비를 꿰뚫는 아우구스티노의 면모를 살펴봅시다.

겸손의 박사 아우구스티노

'이러한 것을 아시고 예수님께서는 식탁에서 일어나시어 겉옷을 벗으시고 수건을 들어 허리에 두르셨다. 그리고 대야에 물을 부어 제자들의 발을 씻어 주시고, 허리에 두르신 수건으로 닦기 시작하셨다.' …복음사가는 주님의 깊은 겸손을 말하기 전에 그분의 위대하심을 강조하고자 합니다. '아버지께서 모든 것을 당신 손에 내주셨다는 것을, 또 당신이 하느님에게서 나왔다가 하느님께 돌아간다는 것을 아시고'라는 구절은 이것을 가리키는 말입니다. 성부께서 모든 것을 당신 손에 맡기셨기 때문에 그분은 제자들의 손이 아니라 발을 씻어 주십니다. 예수님은 하느님께로부터 왔다가 그분께로 돌아간다는 것을 아시고 하느님이자 주님으로서가 아니라 종으로서 임무를 수행하셨습니다. 복음사가는 주님이 모르실 리 없는 이, 곧 배반할 마음을 품고 온 배신자에 대해 말하기 전에 당신 친히 죄를 범할 자의 발을 씻어 주심으로써 어떻게 겸손의 정점에 이르셨는지를 보여 줍니다.

(강해, 55,6)

모든 것 위에 가장 높으신 하느님께서 인간 앞에 무릎을 꿇고 발을 씻어 주신다는 것, 그것도 자신을 배반할 제자 유다의 발까지 씻어 주신다는 것, 여기에서 아우구스티노는 겸손의 극치를 봅니다. 진리를 추구하는 여정에서 아우구스티노가 마지막까지 고민한 것은 어떻게 진리 자체이신 하느님과 하나가 될까라는 것이었는데 그가 찾아낸 길은 겸손의 길via humilitatis, 곧 사람이 되기까지 자신을 낮추신 하느님의 겸손이었습니다. 하느님이 가장 낮은 자리에 이르기까지 자신을 낮추셨으므로 그분을 만나기 위해서는 우리 또한 자신을 낮추는 길, 겸손의 길을 걸으면 된다는 것이지요.

「고백록」을 읽다 보면 성인이 자신의 약함을 무엇 하나 숨기지 않고 드러낸다는 사실에 놀라게 됩니다. 고백록 6권에는 오래 동거하던 여인이 떠나간 뒤에 자신이 시달리던 육욕에 대해 적은 부분이 있습니다. 아우구스티노가 「고백록」을 저술하기 시작한 것은 397년, 주교가 된 지 2년이 지난 뒤였습니다. 지금 우리 시대에 만일 어느 주교님이 이런 고백을 한다면 어떤 일이 벌어질까요? 이렇게 생각하면 그의 겸손이 어느 정도인가를 짐작할 수 있습니다. 그는 자신이 가르치던 대로 겸손의 길을 충실히 걸었던 것입니다!

겸손은 참으로 인간에게 필요한 것이어서 지극히 높으신 하느님께서 당신의 모범으로 인간에게 권하기를 바라셨습니다. 사실 하느님께서 인간을 찾아오려고 자신을 낮추지 않으셨다면 인간은 교만 때문에 영영 길을 잃고 말았을 것입니다.

(강해, 55,7)

날마다 서로 발을 씻어 주어야 한다

'내가 행한 대로 그대들도 행하도록 나는 본을 보였습니다.'라고 한 주님의 말씀은 바오로 사도께서 분명하게 표현한 것처럼 '누가 누구에게 불평할 일이 있더라도 서로 참아 주고 서로 용서해 주십시오. 주님께서 여러분을 용서하신 것처럼 여러분도 서로 용서하십시오.'(콜로 3,13)라는 것이 아니라면, 이 신비의 깊이에 대해 주님이 우리에게 다른 무엇을 이해시키려 하신 것이겠습니까! 그러니 서로 잘못을 용서합시다. 그리고 우리의 죄를 두고 서로 기도합시다. 이렇게 하여 우리는 서로 발을 씻어 주게 될 것입니다. 그분이 주신 은총의 선물로 겸손과 사랑의 직무를 실행하는 것은 이제 우리 몫입니다. 반면 그리스도 안에서, 그리스도를 통하여 우리를 온갖 죄의 물듦에서 정화하고 우리를 받아들이는 것은 주님의 몫입니다. 우리가 땅 위에서 푸는 것, 곧 우리가 용서하는 형제의 죄를 우리를 위해 하늘에서 풀리도록 하기 위해서 말입니다.

(강해, 58,5)

서로 발을 씻어 주기 위해서는 무엇이 필요할까요? 먼저 형제 앞에 몸을 굽혀야 합니다.

우리 몸을 형제의 발밑까지 굽힐 때 우리 마음속에 겸손이 태어나며 혹 이미 거기 겸손이 있다면 그것이 자랄 것입니다.

(강해, 58,4)

예수께 우리 발을 씻어 주시도록 맡겨 드린다는 것은 우리 죄 때문에 그분의 용서를 받아야 함을 인정하는 것이며 우리가 서로 발을 씻어 준다는 것은 그분이 우리를 용서하셨듯이 서로를 용서한다는 뜻입니다. 아우구스티노는 우리가 발을 씻어 주는 형제 안에서 실은 그리스도를 섬기는 것이라고 가르쳤습니다. 사도행전 9장 바오로 사도의 회심 이야기에는 "사울아, 사울아, 왜 나를 박해하느냐?"라는 말씀이 나오는데 그리스도께서는 하느님의 오른편에 앉아계실 뿐만 아니라 박해받는 교회 안에도 계시다는 것이지요. 이것이 '전체 그리스도' totus Christus라는 아우구스티노의 가르침입니다. 마태오 복음 25장에 나오는 "내 형제들인 이 가장 작은 이들 가운데 한 사람에게 해 준 것이 바로 나에게 해 준 것이다."라는 말씀은 우리가 서로 발을 씻어 주는 일이 무엇인가를 말해 줍니다.

"완전하게 사랑하기 전에는 어떠한 선도 완전하게 이해할 수 없다." 아우구스티노는 진리와 사랑이 별개가 아니라고 생각했습니다. 그러므로 겸손이 앎이라면 교만은 무지이기도 합니다. 군사력으로 세상을 호령하는 미국은 콜로라도에 우주 기지 사령부를 두고 있는데 그곳 정문에는 '우주의 주인'master of space이라는 말이 새겨져 있습니다. 그 사진을 처음 본 순간, 성무일도의 찬가를 바치면서 하느님을 '우주의 주님'이라 부르는 것이 생각났습니다. 사람은 자신이 누구인지를 잊을 때 스스로 하느님 노릇을 하려 듭니다.

그렇다면 이러한 교만은 단지 어느 강대국 사람들만의 것일까요? 나는 사랑에서 우러나오는 겸손으로 형제 앞에 무릎을 꿇고 있는지 아니면 내가 누군지를 잊고 형제들 위에 군림하려고 하는지를 물어보게 됩니다.

 너 인간아, 네가 인간임을 기억하라. 너 자신을 아는 것이 바로 겸손이다.

(강해, 25,16)

우리는 그리스도의 몸

시편 상해

"어떻게 이렇게 많은 사람이 같이 살아요? 둘이 같이 사는 것도 힘든데…." 언젠가 공동체를 찾아온 손님 부부가 우스개 삼아 한 말입니다. "그러게요. 그래서 수도자들은 천국 가는 데 다른 보속이 필요 없답니다. '같이 사는 걸로 충분히 힘들었겠구나.' 천국 문 앞에서 베드로 사도가 그런대요." 역시 우스개로 받아넘겼지만 함께 산다는 것이 쉬운 일은 아닌 것 같습니다. 공동체共同體, 함께 같은 몸을 이룬다는 말입니다. 요즘 들어 우리 사회에서 부쩍 많이 듣는 말이기도 하지요. 오늘은 아우구스티노의 「시편 상해」 가운데 한 편을 읽으면서 함께 사는 것, 한 몸으로 사는 것에 대해 생각해 보려고 합니다. 아우구스티노는 시편 150편 모두에 대한 해설을 남겼는데 이를 「시편 상해」Enarrationes in Psalmos라고 부릅니다. 각 시편마다 대개 한 편의 해설을 남겼지만 어떤 것들은 두세 편, 많게는 서른두 편의 해설을 남긴 것(시편 118편)도 있어서 전체 분량은 방대합니다. 우리가 살펴볼 시편 30편은 아우구스티노의 「시편 상해」에서는 29번으로 표시되어 있습니다.

그리스도와 우리는 한 몸

'주님, 제가 당신을 높이 기립니다. 당신께서는 저를 구하시어 원수들이 저를 두고 기뻐하지 못하게 하셨습니다.'(시편 30,2)라고 말하는 것이 누구의 목소리라고 우리는 믿고 있습니까?

(「시편 상해」 29-II, 1)

아우구스티노는 시편 기도에서 말하는 이가 누구냐는 물음으로 시작합니다. 그는 시편 30편에 대한 해설을 두 편 남겼는데 매우 짧은 첫째 해설 첫머리에서 이렇게 말합니다.

> 이는 종말을 위한 시편으로서 부활의 기쁨, 불멸이 되는 것, 주님의 몸만이 아니라 교회 전체의 몸까지 새로워지는 종말을 위한 시편입니다. 시편 29편에서, 전쟁하는 동안 그들이 거주하던 천막 시절이 끝났고, 이제 영원한 평화 속에 머무를 집이 봉헌됩니다. 그래서 전체 그리스도 Totus Christus가 말합니다. '주님, 제가 당신을 높이 기립니다.'
>
> (「시편 상해」29-I, 1-2)

여기서 '전체 그리스도'라는 말이 나옵니다. 그리스도께서 우리 머리이시고 우리는 그 몸의 지체이므로 그분과 우리가 그리스도를 이룬다는 이야기지요. 우리와 그리스도가 사실은 한 몸인데 아우구스티노는 이를 가리켜 '전체 그리스도'라고 부릅니다. 다시 성인의 질문으로 돌아가 봅니다. 그렇다면 기도하는 그 목소리는 누구의 것일까요?

 우리 주 예수 그리스도께서 하느님이심을 생각한다면 기도하는 이는 누구입니까? 왜 기도합니까? 하느님이 기도할 수 있습니까? 자신과 같은 분에게 기도할 수 있습니까? 늘 복되고 전능하며 변함이 없고 하느님과 똑같이 영원하신 분이 기도할 이유가 무엇입니까? …'말씀이 사람이 되시어 우리 가운데 사셨다.'(요한 1,14) 보십시오. 그대가 기도드리는 하느님이 여기 있습니다. 그대를 위해 기도하는 사람이 여기 있습니다.

(「시편 상해」29-II, 1)

아우구스티노는 주교가 된 지 얼마 되지 않은 403년경부터 415년 무렵까지 신자들에게 시편을 해설합니다. 그것을 필경사들이 받아 적었는데 이를 한데 묶은 것이 「시편 상해」입니다. 대개 성인이 강론대에서 시편 독창자에게 시편 몇 편을 노래하라고 하면 독창자가 시편을 노래하고 그런 다음 아우구스티노가 그 시편을 해설했습니다. 한번은 시편 독창자가 잘못 알아듣고 다른 시편을 노래했는데 성인은 바로 그 시편에 대해 강론을 했다고 합니다. 뒤에 한 사람이 성인에게 찾아와 그 시편 강론을 들으면서 자신의 삶에 대해 회개하게 되었노라고, 이제 지난 삶을 버리고 수도승의 삶을 택하겠다고 고백하는 것이었습니다. 이를 두고 아우구스티노는 말합니다. 시편 독창자가 실수한 것 또한 성령께서 하신 일, 바로 이 영혼의 회개를 위해 성령께서 계획하신 일이었다고 말입니다.

하느님의 성전이 되기까지

아우구스티노는 시편 30편을 해설하면서 예수 그리스도를 중개자라고 부릅니다.

'하느님의 오른쪽에 앉아 계신 분, 그리고 우리를 위하여 간구해 주시는 분이 바로 그리스도 예수님이십니다.'(로마 8,34) 왜 우리를 위해 간구하십니까? 중개자가 되기를 가치롭다 여기셨기 때문입니다. 하느님과 사람들 사이에 중개자가 된다는 것(1티모 2,5 참조)은 무슨 뜻입니까? 성부와 사람들 사이의 중개자가 아닙니다. 하느님과 사람들 사이의 중개자입니다. …죄가 없으시기에 그대를 하느님과 일치시킬 수 있고, 약하시기에 그대에게 다가가실 수 있으십니다. 이처럼 사람과 하느님 사이에 중개자가 되시려고 말씀이 육이 되셨습니다. 다시 말해서 말씀이 사람이 되셨습니다.

「시편 상해」29-II, 1)

그분이 사람이 되신 것은 우리와 하나 되기 위해서입니다. 이렇게 우리와 하나 되신 분이 또한 하느님이시기에 우리를 하느님과 하나 되게 해주십니다. 이렇게 우리가 하느님과 한 몸이 되는 것을 아우구스티노는 우리가 하느님의 성전이 되는 것에 비깁니다. 그가 보기에 시편 30편은 그것을 노래하는 시편입니다.

우리가 이 시편의 제목을 이해한다면 이것을 알게 됩니다. 제목은 이렇습니다. '다윗의 시편, 성전 봉헌 노래.'(시편 30,1) 우리가 알고 싶어 하는 물음의 신비 전체와 희망 전체가 이 제목 안에 들어 있습니다. 긴 시간이 지난 뒤 지금 짓고 있는 집은 축성될 것입니다. (우리는) 지금 집, 곧 성전을 짓고 있고 그것은 뒤에 축성될 것입니다. 성전이 봉헌될 때 지금은 숨겨진 그리스도교 백성의 영광이 드러날 것입니다.

(「시편 상해」29-II, 6)

우리 몸이 온전히 하느님의 성전이 되는 때는 미래의 순간이며 지금 이 세상에서 사는 동안 우리는 그 성전을 짓습니다. 그러나 그 성전의 기초는 이미 놓였으니 바로 그리스도입니다.

그러나 형제들이여, 집을 봉헌하기 전에 우리 머리께서 이미 축성되셨음을 봅시다. 주춧돌이 축성되듯 그분 머리에서 이미 집은 축성된 것입니다. 머리는 위에 있고 기초는 아래에 있습니다. 그리스도께서 기초라고 말할 때 우리가 잘못 말하고 있는 것일까요? 오히려 그분은 꼭대기이십니다. 하늘에 올라 성부 오른편에 앉으시기 때문입니다. 그러나 그것이 잘못이라고 생각하지 않습니다. 사실 바오로 사도는 말합니다. '아무도 이미 놓인 기초 외에 다른 기초를 놓을 수 없기 때문입니다. 그 기초는 예수 그리스도이십니다. 그 기초 위에 어떤 이가 금이나 은이나 보석이나 나무나 풀이나 짚으로 집을 짓는다면, 심판 날에 모든 것이 드러나기 때문에 저마다 한 일도 명백해질 것입니다.'(1코린 3,11-13)

(「시편 상해」29-II, 9)

다른 것을 자기 집의 기초로 놓는 일이 바로 죄입니다. 예수님의 길을 따르지 않고 세상의 가치, 권력, 부를 추종하는 길이기 때문입니다. 그 어느 때보다 갈라져 서로 다투는 우리 사회의 모습을 생각합니다. 남과 북으로 갈라진 것도 모자라 동과 서로 나뉘어 대립하고 이른바 진보와 보수 사이의 다툼에 이어 세대 간에도 갈등이 빚어지는 세상입니다. 우리가 한 몸이 되기 위해 가장 먼저 벗어나야 할 잘못된 기초는 어떤 것일까요? 공동체로 사랑하며 살기 위해 빠져나와야 할 미망迷妄은 어떤 것일까요?

4

예로니모

Eusebius Sophronius Hieronymus, 348–420년

끝없는 길 언제나 새로운 길

하느님의 집, 장사꾼들의 집

마르코 복음 강해 Tractatus in Marci Evangelium **9**

4세기에 신앙의 자유를 얻은 뒤 역설적으로 교회에는 위기가 찾아듭니다. 박해 시기가 끝나자 그리스도인들은 복음을 살면서 세상에서 소금으로 존재해야 한다는 사실을 조금씩 잊게 된 것입니다.

실상 자유를 한번 얻게 되자 그리스도인들은 자신의 죄를 바라보아야 함을 잊게 되었고 하느님의 교회는 도둑질과 살인, 간음을 범하고… 그 왕자들이 탐욕을 불태워 커다란 망토 아래, 한때 임금들이 소유하던 부를 소유하게 되었을 때 도둑들의 소굴이 되었다.

(「예레미야서 주해」 2,7,11)

　성 예로니모(Eusebius Sophronius Hieronymus, 348-420년)가 예레미야서를 주해하면서 당시의 교회를 신랄하게 평하는 대목입니다. 성인은 여기서 주교들을 (교회의) 왕자라고 부르지요. 성 예로니모는 히브리어 성경을 라틴어로 번역한 이로 알려져 있습니다. 암브로시오, 아우구스티노, 대그레고리오 교황과 함께 서방 교회의 4대 교부로 꼽히는 인물이기도 합니다.

　그의 삶을 이야기할 때 빼놓을 수 없는 대목은 그가 서방 교회에 수도 생활을 퍼뜨리는 데 크게 이바지했다는 점입니다. 이것은 성인이 수도 생활을 접하면서 그리스도교의 가르침을 에누리 없이 살아가는 모습을 보았다는 뜻입니다. 안티오키아 근처 칼키스 사막에 들어가 2년여 동안 수행에 전념하기도 한 예로니모는 이후 평생을 수도 생활을 옹호하고 전파하기 위해 노력합니다. 예로니모에게 가장 큰 영향을 미친 사람으로 꼽히는 성 아타나시오는 수도 생활의 아버지 안토니오의 전기에서 그가 사막에 들어가 '의지의 순교'를 하며 살았다고 기록하고 있습니다. '의지의 순교'란 무엇일까요?

박해 시기가 끝나자 그리스도의 삶을 온전히 따르고자 한 이들은 어려움에 처하게 됩니다. 그리스도를 가장 잘 본받는 길은 십자가 위의 죽음을 따르는 순교라 여겼는데 이제 순교가 불가능하게 되었기 때문입니다. 그리고 교회는 점차 실제 피를 흘리는 순교가 있다면, 평생 하느님을 따르기 위해 자신과 싸우는 의지의 순교도 있으며 그것이 수도 생활이라고 보게 됩니다. 이러한 생각의 변화에는 그리스도교가 제국의 교회가 되면서 복음적 활력을 잃어버린 현실이 자리하고 있습니다. 예로니모 성인이 마르코 복음의 성전 정화 대목(11,15-17)을 강론한 내용을 함께 읽으면서 당대의 상황과 이에 대한 예로니모 성인의 고민을 살펴봅시다.

하느님의 집은 장사하는 집이 아니다

 '성전에서 사고팔고 하는 자들을 쫓아내기 시

작하였다.' 유다인들에게 이렇게 하셨다면 우리에게는 어떻게 하시겠습니까? 율법 아래 있는 이들에게 이렇게 하셨다면 복음의 시대에 있는 이들에게는 무엇을 못하시겠습니까? 그분은 장사꾼들과 물건을 사는 이들을 쫓아내기 시작하셨습니다. 사고파는 부유한 유다인들을 가난하신 그리스도께서 쫓으십니다. 파는 이나 사는 이나 구별하지 않으십니다. 누구도 '제 것을 당신께 바칩니다. 하느님께서 명하신 것을 사제의 몫으로 드립니다.'라고 말할 수 없습니다. 성경의 다른 대목에서 우리는 '거저 받았으니 거저 주어라.'(마태 10,8)라는 말씀을 읽습니다. 실상 하느님의 은총은 파는 것이 아니며 주는 것입니다. 파는 이만 죄짓는 것이 아니라 사는 이도 죄짓는 것입니다. 마술사 시몬을 생각해 보는 것으로 충분할 것입니다. 그는 팔아서 단죄된 것이 아니라 사기를 바랐다가 단죄되었습니다(사도 8,18-24 참조). 오늘날도 성전에서 장사하는 이들은 많습니다. 파는 이도 저주받을 것이고 사는 이도 저주받을 것입니다. 실상 그리스도의 은총을 황금이나 은과 같은 반열에 놓을 수는 없습니다.

(「마르코 복음 강해」Tractatus in Marci Evangelium 9)

사도행전에는 베드로와 요한의 안수로 성령이 내리는 것을 보고 돈으로 그 능력을 사려고 하는 마술사 시몬 이야기가 나오는데 '성직 매매(시모니아)'라는 말은 그 마술사의 이름에서 비롯된 것입니다. 예로니모 성인은 당대 교회의 현실을 성직 매매라는 이름으로 진단합니다. 교회가 하느님의 은총을 돈으로 사고파는 곳이 되었다는 것이지요. 훗날 갈리아에서 활동한 투르의 그레고리오는 그 지방에서 성행하던 시모니아의 실상을 생생하게 기록하고 있는데 음모와 돈으로 주교직을 얻는 이야기나 그렇게 주교가 된 이가 너무 술에 빠진 나머지 장정 네 사람이 달려들어야 술집 탁자에서 간신히 떼어 놓을 수 있었다는 대목은 믿기가 어려울 정도입니다.

우리가 읽은 구절은 이렇습니다. '그러나 너희들은 그것을 도둑들의 소굴로 만들었다.' 반면 요한 복음은 이렇게 말합니다. '그러나 너희는 그것을 장사하는 집으로 만들었다.'(요한 2,16 참조) 도둑들이 있는 곳에는 어디나 장사하는 집이 있음을 그대는 봅니다. 이 구절이 이제는 죽고 없는 저 유다 백성만을 가리키는 것일까요! 오직 유다인들만의 일이며 그리스도인들에게는 같은 일이 없다고 말할 수 있을까요! 그렇다면 우리는 당연히 그들을 위해 슬퍼하며 우리 자신은 다행이라 여길 것입니다. 그러나 불행히도 오늘날에도 많은 곳에서 하느님의 집, 아버지의 집이 장사하는 집이 되었습니다.

「마르코 복음 강해」 9)

어떻게 하면 완전해질 수 있는가?

예로니모는 적당하게 복음을 사는 데 만족할 수 없는 사람이었습니다. 칼키스 사막에서 수도 생활을 한 그는 로마에 와 다마소 교황의 비서로 일하면서 로마의 귀족들과 지체 높은 여인들을 수도 생활로 이끕니다. 어떻게 하면 완전해질 수 있느냐는 제자들의 물음에 예로니모는 먼저 그리스도의 권고에 귀 기울여야 한다고 가르칩니다.

 완전해지고 싶습니까? 가장 고귀한 품위에

이르고 싶습니까? 사도들이 했던 바를 행하십시오. 가진 것을 모두 팔아 가난한 이들에게 주십시오. 그런 다음 구세주를 따르십시오. 아무것도 걸치지 않은 덕, 오직 그 덕 다음 자리에 벌거벗은 채 홀로 서십시오.

(서간 120)

그리스도를 따르는 첫걸음으로 부에 얽매인 우리 마음속 걸림돌을 치워 버리라는 예로니모의 말은 어느 누구도 쉽게 지나칠 수 없는 울림을 줍니다.

여러분에게 말하는 나 스스로도 그렇지만 어제는 가난했으나 오늘은 하느님의 집에서 부유한 여러분, 사제가 되었든 부제가 되었든 주교이든 여러분 각자도 우리가 아버지의 집을 장사하는 집으로 만들었다는 인상을 받지 않습니까? 사도(바오로)가 '그들은 신심을 이득의 수단으로 생각하는 자들입니다.'(1티모 6,5)라고 할 때는 바로 이런 사람들을 가리키는 것입니다. 그리스도께서는 가난하십니다. 부끄러운 줄을 압시다! 그리스도께서는 겸손하십니다. 부끄러운 줄을 압시다! 그리스도께서는 십자가에 달리셨습니다. 그분은 다스리기 위해 왕좌에 앉으신 것이 아니라 십자가에 달리셔야 했습니다. 그분은 악마를 이기셨으나 그를 비웃으면서 이기신 게 아니라 눈물을 흘리면서 이기셨습니다. 그분은 누구도 채찍질하지 않으셨으며 채찍질당하셨습니다. 그분은 뺨을 때리신 것이 아니라 뺨을 맞으셨습니다. 그러니 우리도 그분을 본받읍시다.

「마르코 복음 강해」 9)

2014년 여름, 방한 중에 프란치스코 교황은 순교자의 피로 세워진 한국 교회의 모습에 감탄하시면서도 중산층의 교회가 되려는 유혹을 조심해야 한다고 말씀하셨습니다. 나와 내 가족의 안위와 행복만을 구하며 교회에 앉아 있다면, 정작 복음의 중요한 열쇠인 이웃 사랑에는 아무 관심이 없다면 우리 역시 예로니모 성인이 꾸짖는 사람들 대열 속에 있는 것인지도 모릅니다. 우리는 그리스도를 따르고 있는 것일까요, 아니면 예로니모 성인이 당대 교회에서 보신 그런 모습으로 살고 있는 것일까요?

약은 청지기는 누구인가

성 예로니모 서간집 Epistulae

"주인에게 칭찬을 들은 약은 집사는 누구입니까?" 407년 예로니모는 베들레헴에서 갈리아로 편지를 씁니다. 귀족 가문의 여인인 알가시아Algasia가 물은 신약의 열한 가지 의문점에 대해 설명하기 위해서였습니다. 이 서간에서 예로니모는 성경, 특히 신약에 대한 그녀의 탐구욕을, 솔로몬의 지혜를 찾아 멀리서 온 스바의 여왕에 비기고 있는데 그녀의 질문 가운데는 루카 복음서에 나오는 '약은 집사'가 누구인가에 대한 것도 있었습니다. 현대의 어느 성서학자에 따르면 루카 복음 16장의 약은 집사 대목은 성경 주석학자들이 고심하는 난제라고 합니다. 요즘 말로 횡령죄, 사기죄, 공문서 위조죄 등의 현행범이라고 할 수 있는 집사를 주인이 칭찬하는데 이것을 어떻게 받아들여야 하느냐는 것이지요. 예로니모가 '약은 집사' 이야기를 설명하는 내용을 함께 읽으면서 교부들이 성경을 어떻게 읽었는지 살펴보려고 합니다.

하느님의 천사들이 기뻐한다

나는 그 구절이 나온 맥락에서 답을 찾으려고 복음서를 찬찬히 읽었습니다. 여러 가지 중에 내가 주목한 것은 이것입니다. 율법 학자들과 바리사이들은 불만으로 가득 찼는데 세리와 죄인들이 구세주의 말씀을 듣기 위해 모여들고 있었기 때문입니다. 그들은 불평하기 시작했습니다. '왜 이 사람은 죄인들과 어울리고 그들과 함께 먹는단 말인가?' 그러자 예수님께서는 그들에게 백 마리 양 이야기, 곧 잃어버린 한 마리 양을 찾아 어깨에 메고 돌아오는 목자 이야기를 해 주셨습니다. 그리고 곧바로 이 이야기를 해 준 이유를 밝힙니다. '내가 너희에게 말한다. 이와 같이 하늘에서는, 회개할 필요가 없는 의인 아흔아홉보다 회개하는 죄인 한 사람 때문에 더 기뻐할 것이다.'(루카 15,7) 이처럼 다시 동전 열 닢 비유를 이야기한 다음 같은 결론으로 마무리합니다. '내가 너희에게 말한다. 이와 같이 회개하는 죄인 한 사람 때문에 하느님의 천사들이 기뻐한다.'(15,10) 이어서 셋째 비유를 말씀하십니다. 두 아들에게 재산을 나눠 준 사람의 이야기입니다. 작은아들은 제 몫의 재산을 탕진한 뒤 굶주림으로 고통을 겪게 되자 돼지들의 음식인 쥐엄나무 열매를 먹어 보려고 합니다. 그 뒤 집에 돌아온 그를 아버지는 받아들입니다. 그러나 이를 질시한 큰아들은, 죽었던 동생이 살아났고 잃었던 그를 되찾았으므로 기뻐해야 한다고 말하는 아버지에게 불만을 털어놓습니다.

(서간 121,6)

예로니모의 방법은 우선 맥락을 살피는 것입니다. '약은 집사' 대목 앞에 있는 세 가지 다른 비유 이야기, 곧 되찾은 양 한 마리, 되찾은 동전 한 닢, 그리고 되찾은 아들의 비유가 실은 루카 복음서 15장 첫머리에 나오는 바리사이들과 율법 학자들을 겨냥한 것이라는 이야기입니다.

말하자면 예수님께서는 죄인들이 회개하는 것과 세리들이 구원을 받아들이는 것을 용납하지 못하는 바리사이들과 율법 학자들에게 이 세 가지 비유를 이야기하셨습니다. 복음서는 다음과 같이 이어집니다. '예수님께서 제자들에게도 말씀하셨다.'(16,1) 그리고 조금 앞서 율법 학자들과 바리사이들에게 하신 것 같이 다시 비유 하나를 이야기하십니다. 의심할 여지없이 그분은 이 비유 이야기로 당신 제자들에게 자비로워야 한다고 말씀하고 싶으셨던 것입니다. 말하자면, '저희에게 잘못한 이를 저희도 용서하였듯이 저희 잘못을 용서하시고'(마태 6,12)라는 기도를 주일에 고개를 들고 바칠 수 있도록, '용서하여라. 그러면 너희도 용서받을 것이다.'(루카 6,37) 하고 말씀하시는 것입니다.

(서간 121,6)

이렇게 예로니모는 복음서의 맥락 안에서 예수님께서 율법 학자들과 바리사이들에게 말씀하고 싶으신 것이 무엇이었는 가를 밝힙니다. 그리고 이어지는 '약은 집사' 이야기가 예수님께서 당신 제자들에게 주신 말씀임을 상기시킵니다. 이 또한 자비로워야 한다는 스승의 메시지를 담고 있다는 겁니다. 그렇다면 예로니모는 이 이야기를 어떤 방법으로 풀어낼까요?

 이 이야기를 하나의 비유로, 다시 말해 하나

의 유사함similitudo으로 풀어 봅시다. 유사함이라 부르는 것은 다른 것과 닮았다는 것이요. 그것이 진리로 이끄는 예형figura과 같기 때문입니다.

(서간 121,6)

성경 본문에서 문자가 가리키는 것 너머에 숨은 뜻을 찾는 우의적 해석법을 여기서 보게 됩니다. 교부들은 성경을 읽을 때 실제 무슨 일이 있었는지를 말하는 문자적 의미와 문자 너머에 숨은 영적 의미를 구분했는데 이는 중세 때 성경의 네 가지 독법으로 종합되지요.

문자는 사실을 가르치고 우의는 무엇을 믿어야 할지를 가르친다. 윤리는 무엇을 해야 할지를 말하고 신비는 어디를 향해야 하는가를 말한다(Littera gesta docet, quid credas allegoria. Moralis quid agas, quo tendas anagogia).

예로니모가 말하고 있는 것은 성경 본문에서 그리스도와 교회의 예형을 발견하는 우의적 독법입니다. 예로니모의 글을 따라가 보겠습니다.

자신에게 맡겨진 사람들에게 자비로울 때

자, 불의한 맘몬의 집사가 약은 수단으로 자신의 구원을 앞세울 줄 알았다는 점 때문에 주인으로부터 칭찬을 받았고, 주인에게는 사기꾼으로 행동했으나 제 이익을 위해 교활하게 처신한 것을 두고 그 교활함을 칭찬한 이가 바로 손해를 입은 주인이라면, 어떤 손해도 입으실 수 없고 자비 앞에서 약한 분이신 그리스도께서는 어떻게 하실 것 같습니까? 제자들이 자신들에게 맡겨진 사람들에게 자비로울 때 그분이 어떤 칭찬을 아끼시겠습니까? …시리아어로 불의한 맘몬은 약은 수단으로 얻은 재물을 가리킵니다. 생각해 보십시오. 남용이라는 분명한 불의가 정의로 바뀐다면 속임수 같은 것이 있을 수 없는 하느님의 말씀, 사도들에게 맡겨진 하느님의 말씀은 얼마나 그들을 하늘로 잘 인도할 수 있겠습니까? 하느님 말씀을 나누어 주도록 책임 맡은 사람들이 그것을 잘 관리한다면 말입니다. 그래서 본문이 이렇게 이어지는 것입니다. '아주 작은 일에 성실한 사람은 큰일에도 성실'(루카 16,10)하다. 인간적인 것에 충실한 사람은 영적인 것에도 충실할 것이라는 이야기입니다. 그러나 '아주 작은 일에 불의한 사람은'(16,10), 다시 말해 하느님께서 모든 이의 선을 위해 창조하신 것을 자기 형제들을 위해 사용하지 않는 사람은 영적인 재산을 분배하는 데도 불의할 것입니다. 주님의 가르침을 각자의 필요에 따라 나누어 주지 않고 사람을 보고 나누어 줄 것입니다.

(서간 121,6)

세상 재물을 가지고 제 앞날을 준비한 약은 집사가 칭찬받았다고 이야기하시면서 예수님은 제자들에게 자비로울 것을 가르치셨다는 이야기입니다. 제자들이야말로 세상 재물보다 더 큰 영적인 것, 구원의 기쁜 소식인 복음을 전해야 할 책임을 지고 있기 때문입니다. 자비와 사랑보다도 하나를 주면 하나를 받는다는 교환의 원리가 우리 일상을 지배하고 있는 이 시대에 성 예로니모의 이야기는 더 큰 무게로 다가옵니다. 지하철에서 '예수 천국 불신 지옥'을 외치며 사람들을 협박하지는 않는다 해도, 우리 또한 법과 규칙에 매여 그리스도의 가르침인 사랑과 자비를 잊어버리고 있는 것은 아닌지, 은연중에 우리도 선민의식에 사로잡혀 자기들만의 게토 속에 살던 유다인의 모습으로 돌아가 있는 것은 아닌지 살펴보아야 하겠습니다.

교회 안에서 성경 읽기

성 예로니모와 성 아우구스티노 왕복 서간 Epistulae

그런데 케파가 안티오키아에 왔을 때 나는 그를 정면으로 반대하였습니다. 그가 단죄받을 일을 하였기 때문입니다. 야고보가 보낸 사람들이 오기 전에는 다른 민족들과 함께 음식을 먹더니, 그들이 오자 할례 받은 자들을 두려워한 나머지 몸을 사리며 다른 민족들과 거리를 두기 시작하였던 것입니다. 나머지 유다인들도 그와 함께 위선을 저지르고, 바르나바까지도 그들과 함께 위선에 빠졌습니다. 그러나 나는 그들이 복음의 진리에 따라 올바른 길을 걷지 않는 것을 보고, 모든 사람 앞에서 케파에게 말하였습니다. '당신은 유다인이면서도 유다인으로 살지 않고 이민족처럼 살면서, 어떻게 이민족들에게는 유다인처럼 살라고 강요할 수가 있다는 말입니까?'

(갈라 2,11-14)

이 본문은 교회의 두 기둥인 베드로와 바오로 사도가 대립하는 이야기입니다. 교회 안에서도 갈라티아서의 이 내용을 두고 여러 가지 해석들이 나오는데 특히 서방 교회의 4대 교부로 꼽히는 성 예로니모와 성 아우구스티노는 여러 차례 편지를 주고받으면서 논쟁을 벌입니다. 예로니모와 아우구스티노 사이의 논쟁을 따라가면서 두 교부가 어떤 자세로 성경을 대하는지 살펴봅시다.

흔들릴 수 없는 성경의 권위

나는 당신이 거짓을 변호했다는 사실 때문에 큰 고통을 겪었습니다. 거룩한 책들 속에 거짓이 있다고, 다시 말해서 성경을 쓴 이들이 거짓을 말했을 수도 있다고 믿는 것은 모든 악의 근원인 오류입니다. 바오로가 베드로를 꾸짖을 때 만일 바오로가 거짓을 말하는 것이면 고집 센 인간들과 이단들이 사도들도 거짓을 말했다고 할 때 어떻게 대답할 것입니까? 거룩한 저자들이 속였을 수도 있다고 각자가 믿는다면 성경의 권위는 불확실하고 흔들리게 된다는 것을 당신은 너무도 잘 알 것입니다. 언제 거짓말하고 언제 해서는 안 되는지 알 수 있는 규칙을 당신이 말해 주지 않는 한 말입니다.

(아우구스티노, 서간 28)

성 아우구스티노가 아직 주교가 되기 전(394-395년)에 성 예로니모에게 쓴 편지입니다. 예로니모가 '거짓을 변호했다'고 하는 말은 갈라티아서에 나오는 베드로와 바오로 사이의 충돌이 실제가 아니라 두 사도 사이의 합의 아래 이루어졌다고 주장한 것을 두고 하는 말입니다.

예로니모는 바오로 사도의 꾸짖음은 실제가 아니었으며 이방인 개종자들에게 해를 끼치는 유다인들의 강요를 누르기 위해 일부러 베드로 사도에게 맞섰다고 보았는데, 이러한 글을 읽은 아우구스티노가 예로니모에게 편지를 쓴 것입니다. 편지는 베들레헴으로 떠나는 사제에게 맡겨졌지만 사정이 생겨 예로니모에게 도달하지 못합니다. 응답이 없자 아우구스티노는 실망하여 다시 편지를 씁니다. 그러나 이 편지도 바로 전달되지 못했고 예로니모의 친구 하나가 아드리아 해의 어느 섬에 사는 그리스도인 사이에서 이 편지를 발견하고 예로니모에게 보냅니다. 아우구스티노가 주교가 된 후인 402년의 일이었습니다.

예로니모는 고통을 느낍니다. 자기보다 거의 스무 살 연하인 아우구스티노가 평생을 성경 연구에 몸 바쳐 온 자신을 낮추본다고 여겼기 때문입니다. 그는 분노를 누른 채 답을 하지 않습니다. 주교와 대립하고 싶지 않았고 편지에는 아우구스티노의 서명도 없었기 때문입니다. 아우구스티노는 친구들을 통해 저간의 사정을 알게 됩니다. 무엇보다도 자신이 예로니모를 비판하는 책을 써서 로마에 보냈다는 뜬소문까지 돌고 있음을 알게 된 아우구스티노는 서둘러 편지를 씁니다.

그것이 헛소문임을 알아주십시오. 그런 일을 하지 않았음은 하느님께서 증인이십니다. 내 편지에 당신의 견해와 대립하는 것이 있다면 그것은 개인적으로 당신에게 맞서는 것이 아니라 나의 생각을 객관적으로 표현하기 위한 것입니다. 믿어 주십시오. 나는 당신의 생각을 듣고 싶습니다. 나는 기쁘게 들을 준비가 되어 있습니다. 그뿐 아니라 당신이 그렇게 해 주기를 부탁합니다.

(아우구스티노, 서간 67)

예로니모는 답을 하지만 편지에는 상처 입은 마음이 가감 없이 드러나 있습니다. 성인들도 우리처럼 감정을 가진 분들임을 알려 주는 편지입니다.

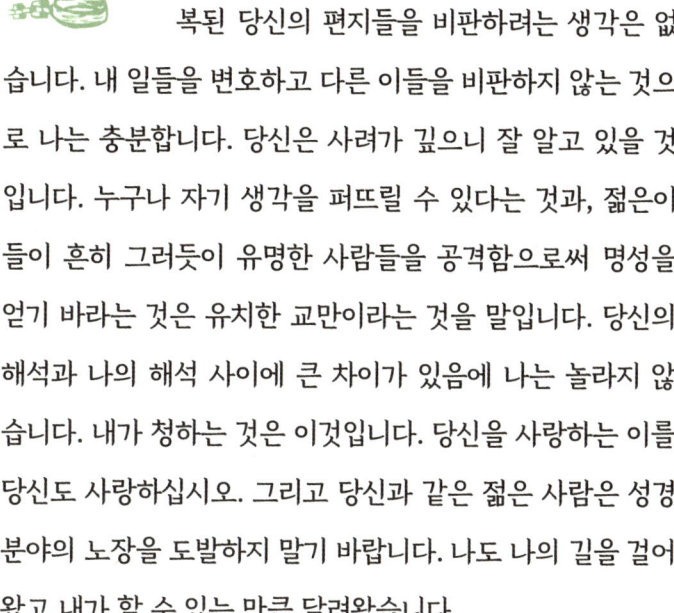 복된 당신의 편지들을 비판하려는 생각은 없습니다. 내 일들을 변호하고 다른 이들을 비판하지 않는 것으로 나는 충분합니다. 당신은 사려가 깊으니 잘 알고 있을 것입니다. 누구나 자기 생각을 퍼뜨릴 수 있다는 것과, 젊은이들이 흔히 그러듯이 유명한 사람들을 공격함으로써 명성을 얻기 바라는 것은 유치한 교만이라는 것을 말입니다. 당신의 해석과 나의 해석 사이에 큰 차이가 있음에 나는 놀라지 않습니다. 내가 청하는 것은 이것입니다. 당신을 사랑하는 이를 당신도 사랑하십시오. 그리고 당신과 같은 젊은 사람은 성경 분야의 노장을 도발하지 말기 바랍니다. 나도 나의 길을 걸어왔고 내가 할 수 있는 만큼 달려왔습니다.

(예로니모, 서간 68)

교회를 건설하는 형제적 사랑

아무리 상처를 입었다손 치더라도 편지에는 공격적인 표현이 많이 있음을 알 수 있습니다. 그러나 아우구스티노는 자신을 깊이 낮춥니다.

 당신 발밑에 탈곡될 이삭으로 내가 있습니다. 내 잘못의 이삭 검불이 당신 발아래 밟히기만 한다면 당신 나이의 무게는 내게 아무런 어려움도 아닙니다. 이 논의가 아무런 불화도 비탄도 없는 우리 마음의 들판과도 같기를 바랍니다. 그렇지 않다면 모든 것을 허공에 날려 버리고 그저 우리 구원만을 생각하는 것이 낫겠습니다.

(아우구스티노, 서간 73)

예로니모도 편지에서 아우구스티노에게 '나이로는 아버지가 되겠으나 교회 안에서는 자신이 아들'과 같다고 스스로를 낮춥니다. 그리고 아우구스티노의 의견에 이렇게 답합니다. '베드로는 모세 율법을 폐지하는 면에 있어서는 바오로와 같은 생각이었으며 바오로 또한 종종 위장으로 속임수를 쓰며 행동했다. 다시 말해 유다인들에게 스캔들을 일으키지 않으려고 유다의 법에 따라 행동했다.'는 것입니다. 바오로도 범한 죄를 어떻게 베드로에 맞서 꾸짖을 수 있겠는가, 하는 것이지요. 또 그의 견해는 오리게네스를 비롯한 교회의 뛰어난 박사들을 따른 것뿐이니 "당신처럼 생각하는 사람들이 누구인지를 보여 주십시오."(예로니모, 서간 81) 하고 맞섭니다.

아우구스티노도 쟁점에 있어서는 물러서지 않습니다. 바오로는 정말로 베드로를 꾸짖었는데 그것은 베드로가 유다의 법에 따라 행동한 것 때문이 아니라 개종한 이방인들이 그의 행동으로 율법 준수에 매이도록 강요하기 때문이라는 것입니다. 이어 히포의 주교는 베들레헴에서 성경을 연구하는 은수자 예로니모에게 청합니다.

당신에게 청하는 것은 이것입니다. 필요하다고 여길 때 나를 교정하기를 꺼리지 마십시오. 교회 안에서 서로 다른 직위가 갖는 권위 때문에 주교직이 사제직보다 높은 자리라 하더라도 많은 부분에서 아우구스티노가 예로니모보다 더 낮다는 것 또한 사실입니다. 다른 한편으로, 누가 해 주는 교정이든지, 그것이 더 낮은 사람이 해 주는 교정이라도 피해서도 안 되며 그 때문에 분노해서도 안 된다는 것도 사실입니다.

(아우구스티노, 서간 82)

'교회의 건설'과 '성경의 권위'라는 열쇳말로 이 글을 요약

할 수 있을 것 같습니다. 아우구스티노는 성경의 권위가 상처 입을 때 벌어질 상황을 우려합니다. 교회 목자의 모습입니다. 반면 교회의 두 기둥인 베드로와 바오로 사도를 모두 변호하려는 것이 예로니모의 태도라고 할 수 있습니다. 이교인들이 교회를 공격하는 빌미가 되기도 했으니까요. 우리가 주목해야 할 것은 두 교부가 서로 견해차가 있는데도 형제적인 사랑을 놓치지 않으려 애쓰는 모습입니다. '서로 사랑하라'는 하느님의 말씀에 끝까지 충실하려는 태도이며 교회를 건설하는 자세이기 때문입니다.

요즘 우리 교회 구성원들 사이에서도 생각이 다르다고 서로를 적대시하는 일이 자주 벌어지고 있습니다. 세월호 참사로 희생된 사람들을 위해 기도하자고 권유하는 사제에게 미사 때는 그런 말을 하지 말라고 항의하는 사람들도 있다고 합니다. 바오로 사도는 우리가 그리스도라는 한 몸 corpus의 지체membrum라고 가르칩니다. 구성원을 뜻하는 '멤버'member라는 단어는 여기서 유래한다고 하지요. 생각이 다르고 처지가 달라 상대가 못마땅하게 보인다 해도 우리가 한 몸의 지체임을 잊지 않았으면 좋겠습니다. 지체끼리 서로 미워해서는 그 몸이 온전할 수가 없기 때문입니다.

5

암브로시오

Aurelius Ambrosius, 334–394년

끝없는 길 언제나 새로운 길

하느님 말씀, 우리의 음식

열두 시편 해설 Explanatio psalmorum XII

넓은 정원 한편에 요람이 놓여 있습니다. 요람에는 아기가 입을 벌린 채 잠들어 있는데 갑작스레 벌 떼가 나타나 아기 얼굴에 몰려듭니다. 앗! 옆에 있던 하녀가 놀라 벌 떼를 쫓으려 하자 아기 아버지가 하녀를 만류합니다. 지체 높은 갈리아의 지방 장관 아우렐리오 암브로시오는 아들이 걱정되면서도 이런 이상한 현상이 대체 무엇 때문인지, 또 이 일이 어떻게 진행될지 보고 싶었습니다. 벌 떼는 아기의 입으로 들어갔다 나왔다 하고 있었는데 얼마 뒤 하늘로 날아오르더니 사람의 눈이 미치지 못할 만큼 높이 올라가 사라져 버렸습니다. 아기 아버지는 말했습니다. "어른이 된다면 이 아이는 위대한 인물이 되겠구나!"

 이 아기가 바로 훗날 밀라노의 주교로 활약했고 서방 교회의 4대 교부 가운데 한 분으로 꼽히는 성 암브로시오입니다. 벌 떼 이야기는 성 암브로시오의 비서였던 부제 파올리노가 성인의 전기 앞부분에 기록한 것인데, 벌 떼가 아기의 입을 드나들었다는 것은 아기가 나중에 훌륭한 가르침을 펼칠 것이라는 예표지요. 파올리노는 이 이야기 끝에 이렇게 해설을 달았습니다.

주님께서는 '상냥한 말은 꿀 송이'(잠언 16,24)라는 말씀이 이루어지도록 당신 종의 유년기에 이미 일하고 계셨다. 그 벌 떼는, 하느님의 선물을 선포하여 사람들의 마음을 세상 것에서 천상 것으로 들어 올린 꿀 송이와 같은 그의 글들을 낳았으리라.

(「암브로시오의 생애」 3)

 암브로시오는 334년에서 340년 사이에 트리어에서 태어났습니다. 일찍 아버지를 여읜 뒤 로마에서 공부했고 370

년에는 에밀리아 리구리아 지방의 수도인 밀라노의 집정관이 됩니다. 파올리노의 전기에 따르면 밀라노의 주교가 세상을 떠나자 아리우스파와 정통 가톨릭으로 대립하던 사람들이 서로 자기네 쪽 사람을 주교로 선출하려 애쓰는 통에 소동이 일어납니다. 집정관으로서 소란을 가라앉히려고 현장에 달려간 암브로시오는 뜻밖의 상황에 처하게 되지요. 그가 양쪽 진영을 화해시키려 애쓰는 사이 한 아이가 "암브로시오 주교!"를 외쳤던 겁니다. 그리고 서로 상대 쪽 사람이 주교가 되는 것을 원치 않던 군중이 한마음으로 거기 동의한 것이지요. 암브로시오는 생각지도 않던 상황에 처해 저항했지만 결국 주교 직무를 수락하게 됩니다. 그때 암브로시오는 아직 세례를 받지 않은 예비자 신분이었습니다. 결국 그는 373년 11월 30일에 세례를 받고 그해 12월 7일 주교가 됩니다.

주님께서 먹으라고 주신 양식

앞서 어린 시절의 범상치 않은 일화를 들었지만 '암브로시오'라는 이름 또한 그리스말로 '신들의 음식'이라는 말에서 유래합니다. 교회 역사에서 암브로시오는 아우구스티노를 회심시킨 인물로도 유명한데 아우구스티노의 회심은 암브로시오의 강론을 들은 데서 시작됩니다. 말하자면 암브로시오의 강론이 아우구스티노의 마음을 '세상 것에서 천상 것으로 들어 올린' 셈입니다. 이러한 그의 힘은 말씀에 대한 암브로시오의 사랑에 뿌리를 둔 것이었습니다. 그에게 성경 말씀은 '말씀의 옷' 아래 숨겨진 음식입니다. 영적인 만나, 영적인 음식으로서 쪼개져야 하는 빵입니다.

그러나 영적인 만나, 곧 경건한 사람들의 정신을 촉촉이 적시고 그의 입을 부드럽게 하는 영적인 지혜의 비가 있습니다. 그 안에 녹아 있는 신적 은총을 이해하는 사람은 거기서 기쁨을 얻고 다른 음식을 찾지 않으며 빵만이 아니라 하느님의 모든 말씀으로 삽니다. 호기심 많은 사람은 꿀보다도 더 단 이 음식이 무엇인지를 묻습니다. 그에게 하느님의 직무자는 답합니다. '이것은 주님께서 너희에게 먹으라고 주신 양식이다.'(탈출 16,15) 이 빵은 대체 무엇일까요? 들어보십시오. '주님께서 내리신 분부'(16,16)입니다. 하느님의 이 분부, 다시 말해 이 음식은 지혜로운 사람의 영혼을 양육하고 빛을 비추어 주며 부드럽게 합니다. 진리의 빛으로 비추고 마치 꿀 송이처럼 달콤한 여러 덕으로써, 또 지혜의 말씀으로써 그를 기쁘게 하는 것입니다. '상냥한 말은 꿀 송이다.'라고 잠언에 적혀 있듯이 말입니다.

(서한 54,2)

암브로시오는 우리가 성경을 음식으로 먹을 때 식탁에서 먹는 음식보다 우리 영혼을 더 잘 양육하고 생기를 준다고 가르칩니다. 날마다 성경 말씀을 읽으면서 우리는 그 안에서 풀을 뜯고 양식을 먹으며 쉽니다. 그리고 '말씀을 되새김질'(「시편 118편 강해」 14,2)할 때, 곧 성경 말씀을 열심히 묵상할 때 우리는 이 '영적 음식'을 닮아 가게 됩니다. 「고백록」 제5권에서 아우구스티노는 묵독하는 암브로시오 주교의 모습을 기록하고 있는데 이는 당시에는 사람들이 책을 읽을 때 소리 내어 읽었기 때문에 묵독이 특이하게 보인 탓입니다. 우리가 흔히 '거룩한 독서'라고 번역하는 '렉시오 디비나' lectio divina라는 말을 처음 사용한 이도 암브로시오 성인으로 알려져 있지만, 아우구스티노가 본 것은 아마도 암브로시오 주교가 렉시오 디비나에 잠겨 있는 모습이었을 것입니다. '되새김질'ruminatio은 소나 염소 같은 반추反芻 동물이 음식을 새김질하는 것을 가리키는데, 후에 클레르보의 베르나르도 같은 이는 수도승들에게 '되새김질하는 정결한 동물'처럼 되라고 가르치기도 했습니다. 그리고 이 음식에서 우리가 먹는 것은 그리스도입니다.

그리스도, 샘솟는 생명의 물

그러므로 먼저 이것을 마시십시오. 둘째 것을 마실 수 있기 위해서는 먼저 이것을 마셔야 합니다. 새로운 계약(신약)을 마시기 위해 먼저 옛 계약(구약)을 마시십시오. 그대가 첫째 것을 마시지 않는다면 둘째 것을 마실 수 없습니다. 갈증을 달래기 위해 첫째 잔을 마시십시오. 그리고 만족에 이르기 위해 둘째 잔을 마시십시오. …그러니 구약과 신약이라는 두 잔을 모두 마시십시오. 그대는 그 두 잔 모두에서 그리스도를 마시기 때문입니다. 그리스도를 마시십시오. 그분은 포도나무입니다. 그리스도를 마시십시오. 그분은 물을 샘솟게 하는 바위입니다. 그리스도를 마시십시오. 그분은 생명의 샘입니다. 그리스도를 마시십시오. 하느님의 도성을 흐르는 강물이 그분이십니다. 그리스도를 마시십시오. 그분은 평화이십니다. 그리스도를 마시십시오. '생명의 물이 그분에게서 흘러나옵니다.'(요한 7,38 참조) 그분의 말씀을 마시기 위해 그리스도를 마시십시오! 그분의 말씀은 옛 계약이며 동시에 그분의 말씀은 새로운 계약입니다. 영원한 말씀의 진액이 정신의 힘 속에, 영의 힘 속에 내려올 때 우리는 거룩한 성경을 마시고 거룩한 성경을 먹는 것입니다. 주님께서는 이렇게 말씀하십니다. '사람은 빵만으로 살지 않고 하느님의 모든 말씀으로 산다.'(루카 4,4; 마태 4,4) 이 말씀을 마시십시오. 그러나 순서에 따라 마셔야 합니다. 먼저 구약에서 마시고 빨리 지나와 신약에서도 마시십시오.

「열두 시편 해설」Explanatio psalmorum XII, 1,33)

암브로시오는 대바실리오나 오리게네스 등 그리스 교부들로부터 많은 영향을 받은 것으로 알려져 있습니다. 말씀의 빵을 중요시한 오리게네스는 "성체를 받아 모실 때 혹 한 조각이라도 흘리면 바로 줍기 위해 마음을 쓰면서 하느님의 말씀이 봉독될 때는 어디로 흘려버리는지 아예 신경도 안 쓰는 사람이 많은 것은 무슨 까닭인가?" 하고 묻기도 했습니다.

 대중 매체가 온갖 정보를 쏟아 내는 이 시대에 우리는 하느님 말씀에 얼마나 마음을 쓰고 있는지 묻게 됩니다. 일상을 돌아보면 매일 텔레비전, 영화, 신문, 라디오 등 매체의 홍수 속에서 사는 것이 우리네 삶입니다. 그것들은 세상의 가르침이라고 할 수 있지요. 그렇게 살다가 일주일에 한 번 성당에 가서 미사를 드리고 기도를 드린다고 할 때 나의 정신과 영혼을 지배하는 것은 하느님의 말씀이 아니라 세상의 가르침이라고 해야 맞을 것입니다. 우리가 보고 듣고 마음 쓰는 것이 우리 영혼의 살이 됩니다. 지금 나의 영혼은 하느님 말씀으로 양육되고 있을까요, 아니면 다른 음식으로 배불러 있을까요.

하느님인가, 맘몬인가

나봇 이야기 De Nabuthae

부자들이여, 그대들의 미친 탐욕을 어디까지 뻗치렵니까? '너희만 이 땅 한가운데에서 살려 하는구나.'(이사 5,8) 왜 그대들과 같은 본성을 지닌 사람들을 쫓아냅니까? 왜 자연을 그대들만의 소유라고 내세웁니까? 땅은 부유한 사람, 가난한 사람 할 것 없이 모든 이가 함께 사용하도록 창조된 것입니다. 어찌하여 그대 부자들은 그대들만의 권리라고 사칭합니까?

(「나봇 이야기」 1,2) [1]

부자들의 탐욕을 질타하고 가난한 이들의 권리를 옹호한

---

[1] 인용된 본문은 「나봇 이야기」(암브로시우스, 최원오 옮김, 분도출판사, 2012)에서 가져온 것이다.

교부들 가운데서도 성 암브로시오(Aurelius Ambrosius, 334-394년)의 활동은 유독 도드라집니다. 그것은 쇠락해 가던 로마 제국이 날로 심해지는 빈부 격차로 고통받던 시대에 활동한 성인의 이력 때문이지만, 이와 관련한 그의 작품들을 읽다 보면 이것이 과연 1700여 년 전의 상황인지 지금 벌어지는 일인지 헛갈릴 때가 있습니다. 성 암브로시오의 「나봇 이야기」를 읽으면서 성인의 고뇌와 의분을 함께 나누고 싶습니다.

수많은 나봇, 그 이야기는 현재 진행형

나봇은 열왕기 상권 21장에 나오는 인물입니다. 그의 포도밭을 탐내는 아합 임금의 청을 거절했다가 왕비 이제벨의 흉계로 죽임을 당하고 땅을 빼앗기는 비운의 인물이지요. 「나봇 이야기」의 첫 구절("나봇 이야기는 옛날 일이지만 날마다 벌어지고 있습니다.")이 말하고 있듯이 성 암브로시오는 성경의 나봇 이야기를 가져와 당대의 상황을 이야기하고 있습니다. 파올리노가 쓴 암브로시오의 첫 전기에는 성인이 고통스럽게 바라보아야 했던 탐욕에 물든 당시의 세태 이야기가 나옵니다.

모든 악의 근원인 탐욕이 부유한 사람들 속에서나 가난한 사람들 속에서나 줄어들지 않고 사람들 사이, 특히 권력을 가진 사람들 안에서 점점 커지는 상황을 지켜보면서 그는 깊은 고통을 겪었다. 돈 때문에 모든 것을 파는 사람들을 막으려 개입하는 것이 그에게는 지극히 힘든 일이었다. 이러한 부패는 로마 제국에 온갖 재앙을 가져왔고 이후 상황은 모든 면에서 더욱 나빠졌다. 이런 사람들이 온갖 탐욕을 부리며 자기네 죄에 핑계를 대려고 부모나 자녀들을 들먹이는 사실에 대해 무슨 말을 할 것인가? 하느님을 제 몫으로 삼는 많은 동정자들, 사제들, 직무자들까지 이러한 탐욕에 물들었으니 그들도 부를 원한다는 말인가? 비참한 우리에게 화 있을지라. 지옥의 심연 바닥까지 우리를 가라앉게 하는, 이토록 무거운 멍에에서 벗어나도록 세상 종말에도 채근을 받을 것이기 때문이다.

(「암브로시오의 생애」Vita sancti Ambrosii, 41)

재물이 문제가 아니라 재물을 올바로 사용할 줄 모르는 것이 문제(『루카 복음 해설』 85)이며 그 문제의 근원은 바로 탐욕이라는 것이 암브로시오의 생각이었습니다.

그대는 가질수록 더 원하고, 그 무엇을 지닐지라도 여전히 그대에게는 부족하기만 합니다. 돈 욕심으로 타오른 탐욕은 꺼질 줄을 모릅니다. 탐욕은 계단과 같아서 올라갈수록 더 높은 곳으로 재촉하지만, 고꾸라지는 이에게는 큰 재앙이 됩니다. 덜 가졌을 때는 더 큰 인내심으로 절도 있게 자기 재산을 바라지만 재산이 늘어날수록 탐욕도 커집니다.

(『나봇 이야기』 2,4)

자기 궁전 옆에 있는 가난한 나봇의 포도밭을 욕심내다가 뜻을 이루지 못하자 상심하는 아합 임금의 심리를 묘사하는 대목은 이 작품의 백미입니다. "그대 포도밭을 나에게 주게." 아합 임금의 이 말은 구걸하는 거지가 적선을 청하는 "한 푼 줍쇼." 하는 말과 다를 바 없다는 것입니다. 그러다 거절을 당하자 속이 상한 탐욕스런 임금은 자리에 드러눕습니다. 이제 나봇을 죽이고 그 땅을 차지하도록 흉계를 꾸미는 이제벨이 등장합니다. 나봇은 결국 거짓 증인들의 모함을 받아 죽게 되고 아합은 욕심내던 포도밭을 차지합니다. 부자들의 탐욕 때문에 고통당하는 그 시대 수많은 나봇들의 모습이 이 작품에 생생하게 그려지는데, 가진 것 없는 가난한 사람이 가족을 먹여 살릴 수가 없어 자식들을 팔아야 하는 상황에 내몰리는 이야기를 보면 성인이 품은 분노가 그대로 느껴지는 것 같습니다.

재물의 주인인가, 노예인가?

어떤 아이를 먼저 팔 것인가? 한 녀석을 판 돈으로는 남은 아이들을 먹여 살리기에 충분하지 않다는 것을 나는 알고 있다. 나에게 유일하게 차고 넘치는 것은 근심뿐이구나! 누구를 줄 것인가? 어느 아이를 곡물상이 기꺼이 바라볼 것인가? 장남을 건네주리라. 그러나 그 아이는 나를 처음으로 아빠라고 불렀다. …그렇다면 막내둥이를 주리라. 그러나 나는 그 아이를 더 부드러운 사랑으로 품어 왔다. 장남에게는 부끄럽고, 막내에게는 가엾은 마음이 든다. …저 아이는 내게 재롱을 더 부리고, 이 아이는 나를 더 존경한다. 저 아이는 아빠를 더 닮았고, 이 아이는 더 도움이 된다. 저 아이 안에 있는 내 닮은꼴을 파는 것이며, 이 아이 안에 있는 내 희망을 저버리는 셈이다. 불행한 나는 어떻게 해야 할지 알 길이 없으며, 누구를 골라야 할지 모르겠구나.

「나봇 이야기」 5,22

성인은 이 이야기에 어느 아비가 아이들을 파는 것을 직접 보았다는 말을 덧붙이고 있습니다. 부자들의 탐욕 때문에 가난한 이들이 겪는 고통을 이토록 생생하게 그리는 문헌도 달리 없을 것입니다. 암브로시오 성인은 전쟁 포로로 노예가 된 이들을 속량하기 위해 미사 때 쓰는 성구들을 녹여 팔기도 했는데 이는 후에 아리우스파들에게 공격을 받는 빌미가 되기도 했습니다.

성인과 거의 동시대를 살았으며 주교로서 가난한 이들을 옹호하고 부자들의 탐욕을 질타한 요한 크리소스토모 성인도 가난한 이들을 위해 성구를 팔았습니다. 두 성인 사이에 다른 점이 있다면 크리소스토모 성인은 성구를 팔았던 것과, 당시 부유층의 대표격이던 황후 에우독시아를 이제벨과 같다고 공격한 것이 빌미가 되어 주교 자리에서 쫓겨나 유배 길에 오르고 결국 죽음에 이르게 된다는 점일 것입니다. 암브로시오의 전기 작가가 그 시대 교회 안에까지 들어온 탐욕을 한탄한 것은 이유가 있는 셈입니다.

'하느님과 재물(맘몬)을 함께 섬길 수 없다.'(마태 6,24) 사람들의 욕망이 없으면 굴러갈 수 없는 자본주의 시대를 살고 있는 우리 귀에 늘 쟁쟁하게 울리는 말씀입니다. 돈을 하느님으로 믿지 않는다면 일어날 수 없는 일들을 목격하면서 우리가 이제는 그런 일들을 심상하게 받아들이는 데까지 온 건 아닌가 싶기도 합니다.

용산 참사, 쌍용차 사태, 세월호 참사…. 맘몬이라는 열쇳말이 아니면 결코 이해할 수 없는 이름들입니다. '맘몬'이라는 말은 기실 '아멘'이라는 말과 같은 뿌리를 갖고 있다고 하지요. 아람어로 '무엇을 믿는다'는 뜻에서 비롯한 말이라고 합니다. 나는 무엇을 믿고 있는 것인가. 하느님인가, 맘몬인가? 암브로시오 성인처럼 물어보고 싶습니다. 탐욕은 결국 누구를 주인으로 모시는가의 문제라고 성인은 이야기하고 있기 때문입니다.

소유물이 소유자의 것이 되어야지, 소유자가 소유물에 사로잡혀서는 안 됩니다. 누구든지 자기 재물을 소유물처럼 사용하지도 않고, 가난한 사람에게 베풀고 나눌 줄도 모르는 사람은 자기 소유물의 노예입니다.

(「나봇 이야기」 15,63)

6

고백자 막시모

Maximus Confessor, 580–662년

끝없는 길 언제나 새로운 길

복음, 사랑의 법

수덕서 Liber asceticus

"그리스인들은 지혜를 찾습니다. 그러나 우리는 십자가에 못 박히신 그리스도를 선포합니다."(1코린 1,22-23) 성 바오로의 말씀입니다. 그리스도교는 그리스 사람들의 정신을 뒤집었다고들 합니다. 그리스인들이 '지혜(앎)에 대한 사랑'(philosofia, 즉 철학)을 추구했다면 그리스도교는 '사랑에 대한 앎'을 지향하고 있다는 것이지요. 사랑의 가르침은 "원수를 사랑하여라."(마태 5,44) 하는 데서 정점에 이릅니다. 우리는 묻게 됩니다. 이것이 어떻게 가능할까?

고백자 막시모Maximus 성인의 작품 「수덕서」 한 대목을 읽으면서 사랑의 의미를 짚어 보고 싶습니다. 이 작품은 수도원의 젊은 형제와 원로가 묻고 답하는 형식인데 신앙의 진리를 전해 주는 이를 아버지로 여기는 그리스도교 전통에 따라 젊은 형제는 원로를 아버지라 부릅니다. 그에게도 원수를 사랑하라는 가르침은 이해하기 어려운 것이었습니다.

나를 미워하고 박해하는 이를 어떻게 사랑할 수 있을까요?

"아버지, 그 무엇도, 심지어 나 자신까지도 사람들에 대한 사랑에 앞세워서는 안 된다고 하셨는데 어떻게 나를 미워하고 박해하는 이를 사랑할 수 있을까요? 나를 질투하고 모욕하며 함정을 꾸미고 시기하는 사람을 어떻게 사랑할 수 있을까요? 아버지, 이것은 자연적으로는 불가능한 일인 것 같습니다. 사람은 고통을 겪으면 자기를 공격하는 이를 자연히 미워하게 되기 때문입니다." 원로가 대답했다. "하느님의 모상으로 창조된 이들, 이성의 인도를 받는 이들, 하느님을 알아보며 그분으로부터 법을 받은 이들은 자신을 미워하는 이들을 사랑할 수 있다. 주님도 '너희 원수들을 사랑하여라. 너희를 미워하는 이들에게 선을 행하라.'고 하실 때 불가능한 일이 아니라 가능한 일을 명하신 것이다. …주님 스스로 당신 행실로 모범이 되시면서 그것이 가능함을 보여 주신다. 그분의 제자들은 모두 이웃에 대한 사랑 때문에 죽음에 이르기까지 싸웠고 자신을 죽이는 이들을 위해 열렬히 기도했다. 그러나 우리는 쾌락과 육을 사랑하는 사람들이기 때문에 주님의 계명보다 쾌락과 육을 더 돌본다. 우리를 미워하는 이들을 우리가 사랑할 수 없는 것은 바로 이 때문이다. 어떤 때는 바로 그것 때문에 동물이나 짐승보다도 못하게 되어 우리를 사랑하는 이를 미워하며 하느님을 따르지 못하게 되어 우리에게 위로를 주시려는 그분의 뜻을 알 수도 없게 된다."

(「수덕서」 8)

막시모는 580년에 태어났습니다. 기록에 따르면 콘스탄티노플이나 팔레스타인에서 출생했다고 하는데 그의 어린 시절은 베일에 싸여 있습니다. 그는 610년에 황실의 고위 관리가 되지만 얼마 안 되어(613-614년경) 세속을 떠나 수도 생활을 시작합니다. 원로에게 묻는 젊은 형제의 질문은 어쩌면 이때 막시모의 심정을 담고 있는 것도 같습니다.

"아버지, 저는 부모와 재산, 쾌락과 세상 영광을 모두 버렸습니다. 제게 육신 말고는 아무것도 없습니다. 그러나 아무리 애를 써보아도 저를 미워하고 거부하는 형제를 사랑할 수 없습니다. 어떻게 악을 악으로 갚지 않을 수 있을까요?" 원로가 대답했다. "누가 세상 것을 멀리한다고 해도 참으로 주님 뜻을 알지 못하면 자신을 괴롭히는 이를 사랑할 수 없다. 그러나 주님의 호의를 입어 그것을 알 수 있다면, 그리하여 주님의 뜻에 따라 걸어간다면 그는 자신을 미워하고 억누르는 이를 마음으로부터 사랑할 수 있다. 주님 뜻을 안 사도들이 그리한 것처럼 말이다."

「수덕서」 9)

주님의 뜻이 무엇인지 알고 싶습니다

626년 봄 페르시아인들이 콘스탄티노플을 침공하자 막시모는 아프리카로 피신합니다. 그곳에 머무는 동안 막시모는 새롭게 대두된 이단인 단일의지론을 논파하여 명성을 얻습니다. 단일의지론이란 예수님에게는 인간적 의지가 없고 오직 신적 의지만 있을 뿐이라는 주장입니다. 그러나 인간적인 뜻이 없고 하느님의 뜻만 있다면 고통을 겪을 일이 없고 그렇다면 예수님은 참된 인간이 될 수 없다고 본 막시모는 이 이단을 반대합니다.

인간은 자신의 의지만으로는 원수를 사랑할 수 없습니다. 참사람이며 참하느님이신 예수 그리스도께서 그 사랑을 가능하게 해 주십니다. 중요한 것은 주님의 뜻입니다.

"그렇다면 주님의 뜻이 무엇인지 알고 싶습니다." 원로가 말했다. "우리 주 예수 그리스도께서는 본질상 하느님이면서도 우리를 사랑하시어 사람이 되는 것을 가치 있게 여기셨다. 그리고 거룩한 사도에 따르면 한 여자에게 잉태되어 율법 아래 태어나셨다. 인간이 계명을 지킴으로써 오래된 아담의 저주를 벗어나게 하시려는 것이었다. 주님은 율법과 예언서 전체가 '너의 주 하느님을 온 마음을 다해 사랑하고 이웃을 너 자신처럼 사랑하라.'는 율법의 두 계명에 달려 있음을 아시고 처음부터 끝까지 인간의 본성에 따라 그 계명들을 지키려 애쓰셨다. …악마는 모든 인간이 흔들리게 되는 것이 세 가지, 곧 음식과 소유와 영광이며 인간은 그것들 때문에 죽음의 구렁에 빠진다는 것을 알고 광야에서 이 세 가지로 그분을 유혹했다. 그러나 우리 주님은 이들보다 더 강하셨으니 악마에게 물러가라고 명하셨다. 이것이 하느님을 사랑한다는 표지이다. 악마는 이 유혹을 통해 첫째 계명을 어기도록 할 수 없음을 알고, 그분이 세상으로 돌아간 뒤 불의한 유다인들을 통해 예수님이 최소한 이웃 사랑의 계명을 어기게 하려고 획책했다. …그분이 유혹을 견디지 못하고 당신을 거슬러 음모를 꾸미는 이들에게 미움을 품도록 하려는 것이었다."

(「수덕서」 10-11)

고백해야 할 진리, 삶으로 살아야 할 사랑

막시모는 정통 교의를 수호하기 위해 애씁니다. 단일의지론에 대한 논의를 금지한 황제 콘스탄스 2세에 맞서 교황 마르티노를 도와 라테란 공의회에서 활약하지만 황제의 명으로 체포되어 유배형을 받습니다. 662년 콘스탄티노플로 소환되어 정통 교의를 버리라는 마지막 회유를 거부한 끝에 태형과 신체 절단형을 받습니다. 하느님의 바른 가르침을 펴기 위해 말하고 글을 쓰던 혀와 오른손이 잘린 것이지요. 이후 흑해 연변에 유배되고 그해 8월 13일 세상을 떠납니다. 사람들은 박해에도 굴하지 않고 진리를 고백한 그를 '고백자'라 부르게 되지요.

성인들은 자기 삶으로 복음서를 풀어낸 분들입니다. 말뿐 아니라 삶 자체로 복음을 풀어낸 분들이라는 뜻이지요. 고백자 막시모처럼 이 말에 부합한 삶을 사신 분도 없는 것 같습니다. 거짓이 참을 이기는 것 같고 악이 선을 누르는 듯한 세상에서 분노와 미움을 느끼는 일도 많아집니다. 고백자 막시모가 그랬듯이 그리스도인으로서 내가 고백해야 할 진리, 삶으로 살아야 할 사랑이 우리 앞에 있습니다.

 하느님으로서 그들의 의도를 아신 주님은 악마에게 부추김 받은 바리사이들을 미워하지 않으셨다. …오히려 그들에게 그침 없이 선을 행하셨다. 모욕당하면서도 온유하셨고 고통받으면서도 견디셨으며 그들에게 온전한 사랑의 업적을 보여 주셨다. 부추김 받은 이들에게 관대하심으로써 부추긴 자에게 복수하셨다. 오! 역설적인 싸움이여! 미움 대신에 사랑을 보여 주시고 선으로써 악마를 타격하셨다. 악을 견뎌 내시면서 사랑의 계명 때문에 인간 본성에 따라 죽음에 이르기까지 싸우셨고 악마에게 완전한 승리를 거두셨으며 우리를 위해 부활의 화관을 받으셨다. 이렇게 새 아담은 옛 인간을 새롭게 하셨다. 이것이 거룩하신 사도께서 '그리스도 예수님께서 지니셨던 바로 그 마음을 여러분 안에 간직하십시오.'(필리 2,5)라고 말씀하신 뜻이다.

(『수덕서』 12)

사랑, 예수님의 싸움 방식

**아버지 하실 수만 있으면 이 잔이
저를 비켜 가게 해 주십시오**

De eo quod scriptum: est Pater si fieri potest transeat a me calix

사랑을 말하는 사람은 역설적이게도 늘 미움과 싸움 한가운데 서 있습니다. 그 싸움은 우선 자신을 미워하는 이들과의 사이에 벌어집니다. 그것만이 아닙니다. 더 어려운 싸움이 기다리고 있지요. 나를 미워하는 이들을 나도 미움으로 대하고 싶은 충동과의 싸움, 곧 자기 자신과의 싸움입니다. 사랑은 늘 자신의 한계를 넘도록 요구하니까요. 원수를 사랑하라 가르치신 예수님의 삶은 늘 치열한 싸움이었습니다. 성 막시모는 복음서의 겟세마니 장면에서 그 싸움의 정점을 봅니다. 그는 여러 작품에서 이 대목을 인용하는데, 모두 헤아리면 서른세 번이나 됩니다. 이 복음 구절을 풀이하면서 막시모는 죄 말고는 모든 것을 인간과 나누신 예수님께서 어떻게 인간적인 뜻이 아니라 하느님의 뜻을 따르는가를 설명합니다.

짐으로써 이기고 죽음으로써 사는 싸움

그대가 주님의 인간됨을 가리키는, '아버지, 하실 수만 있으시면 이 잔이 저를 비켜 가게 해 주십시오.'라는 표현을 '구세주의 뜻이 아니라' 우리의 뜻으로, 다시 말해 하느님을 온전히 따르지 않으면서 자주 그분께 맞서고 적대하는 우리의 뜻으로 여긴다면, 그 기도에 이어지는 말, '그러나 제가 원하는 대로 하지 마시고 아버지께서 원하시는 대로 하십시오.'라는 표현은 무엇이라 생각하는가? 거부의 말인가, 용기의 표현인가? 완전한 동의인가, 거절인가? 그렇다. 바른 정신을 가진 사람이라면 누구도 이 말이 비겁이나 맞섬에서 나온 말이 아니라 완전한 일치와 동의의 표현임을 부인하지 않을 것이다.

('아버지 하실 수만 있으면 이 잔이 저를 비켜 가게 해 주십시오.'의 서두)

우리가 보통 '겟세마니의 기도'라고 부르는 이 장면을 교부들은 겟세마니의 싸움agon이라고 부릅니다. 그곳에서 나의 뜻과 하느님의 뜻, 나와 하느님 사이에 싸움이 벌어지기 때문입니다. 그러나 예수님의 싸움은 우리가 생각하는 것과 달리, 짐으로써 이기고 죽음으로써 사는 싸움입니다. 이것을 예수님의 싸움 방식, 사랑의 방식이라 불러도 좋겠습니다.

> 주님께서는 우리를 위해, 사랑의 계명을 지키시면서 인간으로서 죽음에 이르기까지 아버지께 복종하셨다. 악마에게 부추김 받은 바리사이와 율사들 때문에 고통을 겪으시면서 악마에게 되갚음하시는 것이 그분의 목적이었다. 그분을 이김으로써 세상을 제 힘 아래 두려던 자를 이렇게 이기셨다. 그에게 짐으로써 이기신 것이다. 이런 방식으로 그리스도께서는 약함 때문에 십자가에 매달리셨고 이 약함을 통해 죽음을 없애셨으며 죽음의 권세를 쥐고 있던 자를 물리치셨다.
>
> (「수덕서」 13)

사도들도 모두 이러한 싸움을 하셨습니다. 그 싸움은 악에 맞선 싸움입니다.

이러한 방식으로 바오로 또한 그리스도의 권능이 그 안에 머물도록 하기 위하여, 스스로 약했으며 그 약함을 자랑했다. 이러한 승리의 방식을 배우면서 그는 에페소 사람들에게 써 보냈다. '우리의 전투 상대는 인간이 아니라, 권세와 권력들과 이 어두운 세계의 지배자들과 하늘에 있는 악령들입니다.'

(「수덕서」 14)

광야에서 하느님을 배신하도록 예수님을 유혹한 악마가 뜻을 이루지 못하자 적어도 사랑의 둘째 계명을 어기도록, 곧 형제를 미워하도록 바리사이와 율사들을 충동질하여 예수님을 유혹했다는 것입니다. 그러므로 내가 형제를 미워하고 그와 싸우게 되면 결국 내가 악의 유혹에 넘어가는 것이 됩니다. 그 형제 또한 악의 유혹에 넘어가서 나를 미워하는 것입니다. 자신의 모습을 살피고 스스로의 나약함을 아는 사람은 형제도 이해할 수 있게 됩니다.

 그대가 어떻게 유혹받았는가를 알고 그대 형

제 또한 유혹받는 것을 안다면 그대를 유혹에 빠뜨리는 사람을 용서하라. 그대를, 자신이 품은 미움으로 이끌고자 하는 그를 그의 죄에 물드는 일 없이 용서하라. …그렇지만 우리가 게으르고 무기력하며 생각 없이 지낸다면, 그래서 우리 생각을 육적 쾌락에 맡겨 버린다면, 우리는 악마들을 상대로 싸우는 것이 아니라 우리 자신과 형제들에 맞서 싸우게 된다.

(「수덕서」 17)

내가 죽고 하느님 안에서 다시 살아나는 것

그러나 정말 중요한 싸움은 나 자신과의 싸움입니다. 겟세마니에서 예수님께서 하셨듯이 자기 자신과의 싸움이 남아 있습니다. 이 싸움agon이라는 말이 '임종의 고통'agony이라는 뜻으로 확대되어 쓰이게 된 것은 하느님 앞에서 나를 굽히는 것, 내 뜻을 하느님 뜻 앞에서 접는 것이 곧 죽음과 같다는 것을 말해 줍니다. 내가 죽고 하느님 안에서 다시 살아나는 것이 겟세마니에서 일어나는 일입니다. 그리고 이 일은 인간의 힘으로 되는 일이 아닙니다. 이 싸움을 돕는 것은 하느님의 말씀입니다.

물질적인 것을 돌보지 않고, 성경을 지속적으로 읽는 일이 영혼 안에 하느님께 대한 두려움을 가져다주며 그 두려움은 절제를 가져온다. 그때 영혼은 생각을 통해 그를 무찌르는 악마들의 행태를 깨닫고 스스로를 지키기 시작한다. 이를 두고 다윗은 말했다. '제 원수들에게서 저는 시선을 거두지 않나이다.' 사도들의 으뜸인 베드로는 말했다. '정신을 차리고 깨어 있도록 하십시오. 여러분의 적대자 악마가 으르렁거리는 사자처럼 누구를 삼킬까 하고 찾아 돌아다닙니다. 여러분은 믿음을 굳건히 하여 악마에게 대항하십시오.' 주님께서 말씀하셨다. '유혹에 빠지지 않도록 깨어 기도하여라.'

「수덕서」 18)

나의 뜻이 아니라 하느님의 뜻을 찾고자 하는 싸움은 사실 모든 인간의 싸움이기도 합니다. 뛰어난 학자이기도 한 베네딕토 16세 전임 교황은 고백자 막시모의 이 싸움을 다음과 같이 요약합니다.

 예수님의 싸움이라고 하는 이 드라마, 죽음에 대한 두려움, 죽지 않으려는 인간적인 의지와 자신을 죽음에 내어놓으려는 신적 의지 사이의 대립이라고 하는 겟세마니의 이 드라마에서 모든 인간의 드라마가 펼쳐집니다. 우리의 구원이라는 드라마 말입니다. 성 막시모는 말합니다. 아담은 '아니요'가 자유의 정점이라고 생각했습니다. '아니요'라고 말할 수 있는 사람만이 참으로 자유롭다고, 자기의 자유를 실현하기 위해서 인간은 하느님께 '아니요'라고 말해야 한다고 말입니다. …그러나 자유의 최고 형태는 '예'입니다. 하느님의 뜻에 일치하는 것입니다. '예' 안에서만 인간은 참으로 자기 자신이 됩니다. '예'라는 위대한 개방, 자신의 뜻을 하느님의 뜻과 하나 되게 하는 데서만 인간은 크나큰 열림이 되고 '신적인' 존재가 됩니다. 하느님처럼 되는 것이 아담의 바람이었습니다. 곧 완전히 자유로워지는 것이었습니다. 그러나 자기 자신 안에 갇혀 있는 인간은 신적이지도, 완전히 자유롭지도 않습니다. 자기 자신으로부터 나오면서, 자유롭게 하는 '예'를 드리면서 인간은 자유롭게 됩니다. 이것이 겟세마니의 드라마입니다. '제 뜻대로 마시고 당신 뜻대로 하십시오.'

(2008년 6월 25일, 성 베드로 광장 일반 알현 강론 중에서)

어디서나 뾰족탑 위 십자가를 볼 수 있는 세상이지만 정작 하느님의 뜻을 따라 사는 사람들은 보기 어렵습니다. 이 실제적인 무신론의 세상에서 인간의 뜻에 눌려 있는 하느님을 뵈려면 어떻게 해야 할까요. 우리 모두 각자의 겟세마니 동산에 올라가야 하는 것 아닐까요. 그러나 그 동산에 머무는 힘은 하느님으로부터 옵니다. 「수덕서」의 시작은 그것을 알려 줍니다.

 한 형제가 원로에게 물었다. "아버지, 주님께서 사람이 되신 것은 무엇 때문입니까? 말씀해 주십시오." "…주님께서 사람이 되신 이유는 우리의 구원을 위한 것이다."

(「수덕서」 1)

7

요한 크리소스토모

Ioannes Chrysostomos, 349–407년

끝없는 길 언제나 새로운 길

그리스도는 어디에 계시는가

마태오 복음 강해 In Matthaeum homiliae

 성탄절은 우리 가운데 태어나신 예수 그리스도를 알아보고 그분을 기쁘게 맞아들이는 축제의 시간입니다. 신앙인들에게 한 해는 부활절과 성탄절을 중심으로 이루어진다고 해도 될 것입니다. 수난과 죽음을 거친 예수 부활이 우리 모두가 그분과 함께 새 생명으로 탄생하는 여정이라면 예수 성탄은 그분이 우리를 위해 우리 곁에 태어나는 탄생의 사건이라 하겠지요. '황금의 입'이라 불리는 교부 요한 크리소스토모 성인(349-407년)의 작품 「마태오 복음 강해」에서 성탄 부분을 함께 살펴봅시다.

사람들이 그를 임마누엘이라 부르리라

성탄절의 뜻이 하느님께서 우리 곁에 오셨다는 데 있다고 한다면 '임마누엘'이라는 이름이야말로 핵심을 담은 말이라고 하겠지요. 요한 크리소스토모는 마태오 복음 1장 23절을 풀이하면서 이 이름에 대해 묻습니다.

왜 그분께 임마누엘이 아니라 예수 그리스도라는 이름이 주어졌는가? 그 이유는 천사가 '그를 임마누엘이라 불러라.' 하지 않고 '사람들이 그를 임마누엘이라 부르리라.'라고 말한 데 있습니다. …천사가 '그들이 그를 임마누엘이라 부르리라.' 하고 말한 것은 '그들이 사람들 사이에 계시는 하느님을 뵙게 되리라.' 하고 말하는 것과 같습니다. 사실 그분은 늘 사람들과 함께 계셨지만 하느님이 강생하신 이후처럼 그토록 생생하고 만질 수 있는 모습으로 사람들과 함께 계신 적은 없었습니다.

(「마태오 복음 강해」 5,2)

임마누엘은 그분을 알아보고 맞아들이는 백성이 그분께 드리는 이름이라는 이야기입니다. 이런 관점에서 성 요한 크리소스토모는 누구보다 먼저 구세주의 탄생을 알아보고 그분을 찾아온 동방 박사들에게 각별한 의미를 부여합니다.

> 이 박사들은 별을 안내자로 삼아 따라왔지만 유다인들은 메시아의 탄생을 선포한 예언자들의 말도 믿지 않았습니다. …그러니 동방 박사들의 덕을 귀하게 여기십시오. 그토록 멀리서 주님을 찾아온 그들의 용기만이 아니라 그들이 보여 준 믿음과 솔직함의 덕도 귀하게 여기십시오. …그들의 말 속에 그들의 믿음이 있습니다. 그들은 말합니다. '우리는 그분을 경배하러 왔습니다.'
>
> 「마태오 복음 강해」 6,4

황금 같은 삶 황금 같은 말씀

요한 크리소스토모는 349년 안티오키아에서 태어났습니

다. 보통 안티오키아의 요한이라 불리던 그에게 '금구'金口라는 별칭이 붙은 것은 7세기 무렵입니다. 그는 스물셋의 나이에 수도승이 되었지만 병을 얻어 6년 만에 수도 생활을 그만두고 독서직을 받습니다. 386년에 사제가 되어 말씀 선포자로 이름을 날리게 되는데 설교자로서 명성을 얻게 되어 397년에 콘스탄티노플의 주교가 됩니다. 그러나 이는 그의 삶에서 십자가가 시작되는 순간이었습니다. 동로마 제국의 수도인 콘스탄티노플 주교좌는 여러 야심가들의 목표가 된 데다 정치적인 움직임과 뗄 수 없는 자리였기 때문입니다.

그가 황금의 말씀을 하는 입으로 불리는 것은 말씀을 말씀으로만 끝내지 않았다는 뜻입니다. 그 말씀을 삶으로 뒷받침했다는 뜻이지요. 황금의 말씀 뒤에는 황금의 삶이 있었던 것입니다. 복음을 에누리 없이 살고자 했던 그는 당대의 극심한 빈부 격차를 가차 없이 꾸짖습니다. 또 사치한 생활을 하던 황실, 특히 황후 에우독시아의 행실을 가만히 보아 넘기지 않았습니다. 이러한 상황을 이용해 야심가인 알렉산드리아의 대주교 테오필루스를 비롯한 여러 세력이 음모를 꾸며 결국 요한은 유배 길에 오릅니다. 첫 번째 유배는 갑작스런 황후의 병 때문에 중단되지만 요한은 자신의 소신을 굽히지 않습니다. 결국 그는 두 번째 유배 길에서 지쳐 숨을 거둡니다. 일부 학자들이 그를 순교자라 부르는 이유지요.

모든 것이 가로막더라도 우리 또한 서두릅시다. 서둘러 이 아기 계신 곳으로 달려갑시다. 임금, 폭군, 백성이 우리 앞을 가로막더라도 그러한 어려움 때문에 타오르는 열망을 꺼뜨리지 않도록 합시다. 실상 우리가 만날 모든 어려움을 극복할 수 있게 하는 것은 열정입니다. 동방 박사들이 끝까지 믿음에 항구하지 않았다면 아기를 볼 수 없었을 것이며 헤로데가 협박하는 재난도 당연히 피할 수 없었을 것입니다. … 영적 빵의 집인 베들레헴으로 달려가기 위해 여러분도 유다인 백성을 버리십시오. 문제로 가득한 이 도시를 버리십시오. 피에 주린 폭군을, 모든 세속적 헛됨을 버리십시오. 여러분이 그저 목자들이라 하더라도 서둘러 달려간다면 아기를 보게 될 것입니다. 그러나 여러분이 임금이라 하더라도 서둘러 가지 않으면 여러분의 용포도 아무 소용이 없을 것입니다.

「마태오 복음 강해」 7,5

빛나는 존재여야 합니다

요한 금구 성인은 예수님의 탄생을 이야기하면서 동방 박사들을 본받으라고 말합니다. 헤로데도, 유다 백성도 주님을 알아보지 못했으며 오히려 박해했습니다. 그러한 사정은 성인이 살던 시절에도 되풀이되었으니 가난하고 약한 사람들에게서 주님의 모습을 알아보지 못했기 때문입니다.

이 백성은 그리스도 왕국의 큰 원수인 폭군 헤로데보다 훨씬 더 악한 폭군을 갖고 있습니다. 인색과 탐욕의 마귀입니다. 이 폭군은 제가 다스리기를 바라면서 겉으로는 예수 그리스도를 경배하도록 수하들을 파견합니다. 그러나 실상은 그를 죽이려는 것입니다. 우리는 겉으로는 하느님을 경배하면서 실제 행실로는 완전히 반대로 살지 않도록 조심합시다. 우리가 예수 그리스도를 경배할 때는 모든 것을 버립시다. 부를 갖고 있다면 그것을 땅에 묻어 두지 말고 그분께 드립시다. 동방 박사들은 그분께 영광을 드리려고 귀한 선물을 바쳤습니다. 그런데 그분이 가난하실 때 선물을 드리지 않는다면 여러분은 무엇이 되겠습니까? 아직 아기인 그분을 뵙기 위해 동방 박사들은 그토록 긴 여행을 했습니다. 그런데 그분이 병들었거나 감옥에 있을 때 그분을 찾아보려 단 세 발자국도 옮기지 않는다면 여러분은 대체 무슨 변명 거리를 댈 수 있겠습니까? 우리 원수들도 병들거나 감옥에 있을 때는 연민을 자아냅니다. 그렇다면 여러분은 그분이 이러한 상황에 놓여 있는 것을 보면서도 그토록 많은 은총을 베푸신 여러분의 주님께 아무런 연민도 가질 수 없다는 말입니까? 동방 박사들은 그분께 황금을 드렸지만 여러분은 그분께 빵을 조금 드리는 데도 어려움을 느낍니다. 별을 보았을 때 박사들은 기쁨에 사로잡혔습니다. 그렇지만 여러분은 눈앞에서 헐벗고 굶주린 예수 그리스도를 보면서 조금도 불쌍히 여기지 않습니다!

(「마태오 복음 강해」 7,5)

가난한 이들을 깊이 사랑하고 그들을 위해 자신의 안위를 돌보지 않던 성인을 가난한 이들 또한 무척 사랑했습니다. 그가 권력에 의해 두 번째 유배를 떠나자 가난한 이들은 폭동을 일으켜 당시 주교좌였던 성 소피아 대성당을 불태워 버렸다고 합니다. 성 요한 크리소스토모의 「마태오 복음 강해」는 그의 많은 작품 중에서도 걸작으로 꼽히는데, 390년 안티오키아에서 행한 강론을 필경사들이 기록해 놓은 것입니다. 토마스 아퀴나스는 안티오키아의 보물을 모두 합쳐도 성인의 「마태오 복음 강해」에 못 미친다고 말한 바 있습니다. 물론 이것은 수사학적 기교만이 아니라 작품이 담고 있는 절실함 때문입니다. 다음과 같은 구절은 이 작품이 이 시대에도 생명력 있게 다가오는 이유를 가르쳐 줍니다.

오늘날 공적인 모임에서도 교회 안에서도 그리스도교 신자들을 신자 아닌 사람들과 구별해 내기란 불가능합니다. 그 둘을 구별하는 유일한 방법은 거룩한 미사를 거행할 때 신자들은 성전 안에 있고 아닌 사람들은 밖에 있다는 것입니다. …신자는 하느님으로부터 받은 선물 때문만이 아니라 그가 하느님께 바치는 것으로도 빛나는 존재여야 합니다. 어디서나 그가 사는 방식, 생각하는 방식, 외적인 행실 전체, 그가 하는 말로도 신자여야 합니다.

(「마태오 복음 강해」 4,7)

8

니사의 그레고리오

Gregorius Nyssenus, 335–394년경

끝없는 길 언제나 새로운 길

죽음과 부활의 여정, 파스카

모세의 생애 De Vita Moysis

 탈출기는 이집트에서 종살이하던 히브리인들이 파라오의 압제를 벗어나 약속의 땅을 찾아가는 이야기를 담고 있습니다. 이 구약의 파스카는 예수 그리스도의 수난과 죽음, 부활이라는 신약의 파스카와 이어지지요. 흔히 전자를 유다인들의 파스카, 후자를 그리스도인들의 파스카라고 부릅니다. 그리고 이 둘을 연결하는 중심에 예수 그리스도가 있습니다. 예수님 자신이 유다인이셨고, 유다인들의 파스카를 지내면서 당신의 파스카 여정을 걸으셨기 때문입니다. 그리스도인 삶의 정점을 이루는 죽음과 부활의 여정, 파스카의 의미를 니사의 그레고리오가 쓴 「모세의 생애」를 토대로 짚어 보려고 합니다.

 니사의 그레고리오(335-394년경) 성인의 일생은 많은 부분 베일에 싸여 있습니다. 니사Nissa의 주교를 지냈기 때문에 니사의 그레고리오라 불리지요. 그는 삼위일체 교의를 확립하는 데 크게 기여한 신학자로서, 큰형인 바실리오, 형의 친구인 나지안조의 그레고리오와 함께 카파도키아 삼총사라 불리기도 합니다.
 「모세의 생애」는 그레고리오가 만년(390년 초)에 쓴 작품으로 몇몇 수사본에 체사리오라는 수도승의 이름이 나오는 것으로 미루어, 수덕 생활을 이끌어 달라는 한 수도승의 요청으로 저술한 것으로 여겨집니다. 그의 큰형 대바실리오는 동방 수도승 제도의 아버지라고 불리기도 하는데 학자들은 「모세의 생애」가 대바실리오 사후, 형이 남긴 수도승 제도를 이념적으로 보강하려는 의도 아래 저술되었으며 이 작품이 수도승들의 공동체에서 낭독되었을 거라고 봅니다.

하느님께 이르기 위한 영적 여정

이 이야기를 듣는 사람치고 그것이 물의 신비를 말하고 있음을 모를 사람은 없을 것이다. 원수의 군대와 같이 물속에 잠겼던 자는 그것이 물속에 가라앉도록 놓아두고 혼자 구원되어 나온다. 이집트 군대(말들이며 전차, 전차병들, 사수, 투석병, 중무장 군인들, 전선에 운집한 병사들)가 사람들을 노예로 삼는 영혼의 여러 욕정들이라는 것을 누가 모르겠는가? 분노, 우리 마음속에 숨은 쾌락, 슬픔, 교만에 기울어지는 경향 등은 이집트 군대와 완전히 똑같은 것이다. 이웃에 대한 모욕은 새총으로 상대의 이마에 날린 돌에 비길 수 있고, 분노로 떠는 것은 떨리는 창끝과도 같다. 제멋대로 전차를 끌고 가는 말들은 육체적 쾌락을 상징한다.

「모세의 생애」 II, 122

홍해를 건너는 장면을 해설하는 대목입니다. 인간의 감정과 욕정이 여실하게 그려지고 있지요. 「모세의 생애」는 크게 네 부분으로 나뉘는데, 우선 작품 전체의 도입부, 탈출기와 민수기에 나오는 모세의 생애를 요약하는 히스토리아historia, 이 역사적 사실들에서 영적 의미를 해설하는 테오리아theoria, 마지막으로 결론입니다. 그레고리오는 모세의 생애를 영혼이 하느님께 이르기 위해 걷는 영적 여정에 비깁니다. 고대에 '히스토리아'라는 말은 문자적인 뜻이나 실제 일어난 사건을 가리키는 말이었습니다. 이에 반해 '테오리아'는 문자적인 뜻 너머에 숨어 있는 다른 뜻을 가리킵니다. 「모세의 생애」에서 그레고리오는 문자적 의미보다 그 뒤에 숨어 있는 영적 의미를 찾아야 한다는 태도를 취하는데, 가령 이집트인 맏배들의 죽음을 해설하면서 다음과 같이 주장합니다.

잘못한 이들은 이집트 어른들인데 벌은 아직 선악도 구별할 줄 모르는 막 태어난 아기들이 받는다. 아기들의 삶에는 못된 욕정이 끼어들 자리가 없다. 아기는 왼편과 오른편을 구별할 줄도 모르며 엄마의 젖꼭지밖에는 모른다. 괴로움을 드러내는 표시로 우는 것밖에 못하고 본능이 바라던 바를 얻어 만족스럽다는 표시로 그저 웃는 것밖에 못한다. 그러나 아이가 아비 탓으로 벌을 받는다면 정의가 어디에 있고 자비가 어디에 있으며 성덕은 어디에 있는가? '죽을 사람은 죄를 지은 장본인이다. 아들이 아비의 죄를 받지 않는다.'(에제 18,20)고 외친 에제키엘의 가르침은 또 무엇인가? 그렇다면 성경에 나타나는 사실에서 영적인 의미를 보고, 신적인 입법자가 그 사실들 속에서 우리에게 말하려 한 숨은 가르침을 찾아야 함은 분명하다.

(「모세의 생애」II, 91-92)

죄스런 본성을 죽이고 생명으로 건너가는

그레고리오는 홍해를 건너는 히브리인들의 모습에서 욕정, 분노와 같은 자신의 한계와 싸우며 하느님을 찾아가는 인간의 영혼을 그리고 있습니다. 홍해를 건너기 전 이집트인들의 압제 밑에서 진흙과 지푸라기로 벽돌을 만들던 히브리인들은 본질적 한계 아래 놓여 있는 인간을 상징합니다.

 물질적 쾌락에 속해 있는 것은 모두 필연적으

로 흙과 물로 빚어지는 것으로 뱃속이나 부귀와 관련되는 것을 만족시키는 데만 골몰할 것이다. 이 혼합된 요소는 진흙으로 이루어져 이름 그대로 그저 진흙이다. 진흙으로 상징되는 이러한 쾌락을 탐스럽게 찾는 사람은 그 욕구가 다 채워져도 소용없고, 그 욕구를 다 채운다 해도 결코 만족할 수 없다. 또 채워진다 해도 그만큼 채울 자리가 더 생긴다. 그처럼 벽돌을 만드는 사람은 벽돌 틀이 비어 있는 만큼 그 속에 계속해서 흙을 넣고 있는 것이다.

「모세의 생애」II, 59-60)

탈출기의 홍해를 건너는 이야기는 일찍부터 세례에 비견되는데(1코린 10,1-2 참조) 세례를 받는 일은 자신의 죄스런 본성을 죽이고 생명으로 건너가는 일이기 때문입니다.

이로써 역사는 중요한 가르침을 우리에게 전해준다. 한번 바다를 건너간 사람은 더 이상 원수의 군대 잔당들이 따라오게 해서는 안 된다는 것이다. 물에 잠긴 다음에 원수들이 우리와 함께 바다에서 나오도록 허락한다면 이는 우리가 노예 상태에 머물러 있다는 뜻이 아니겠는가? 폭군을 물속에 빠뜨리지 못하고 우리 곁에 그를 살려 두는 것이니 말이다. 이 사실에 숨겨진 의미를 분명히 하기 위해서는 더 명확한 말로 표현해야 한다. 세례에서 신비로운 물을 통과한 사람은 탐욕, 고삐 풀린 욕정, 욕심, 자만스럽고 교만스런 정열, 사나운 충동, 진노, 악의, 시기와 같은 모든 악의 덩어리를 모두 물속에 빠뜨려 죽여야 한다.

(「모세의 생애」II, 124-125)

파스카는 신약의 파스카와 구약의 파스카로 대별됩니다. 탈출기의 파스카, 곧 야훼 하느님께서 히브리인들을 구원하신 파스카인 야훼의 파스카가 있고 이를 해마다 기념하여 행하던 유다인들의 파스카가 있습니다. 또 유다인들의 파스카를 지내면서 당신의 죽음과 부활로 걸어가신 그리스도의 파스카가 있지요. 그리고 그리스도의 파스카를 기념하여 우리가 거행하는 교회의 파스카, 그리스도인들의 파스카가 있습니다. 니사의 그레고리오는 우리가 어떻게 이 파스카를 살아야 할 것인가를 모세의 생애에 비견하여 설파합니다. 세례성사로 그리스도의 생명을 받은 우리 앞에는 이제 약속의 땅에 이르는 긴 광야의 길이 놓여 있습니다. 세례 때의 결심을 돌아보면서 나는 어떻게 그 길을 걷고 있는지 살펴보는 것은 어떨까요?

세례성사를 받는 사람들 가운데 많은 이가 계명에 대한 무지 때문에 새 생명에 옛 삶의 해로운 누룩을 섞는다. 바다를 건넌 다음에도 이집트 군대를 데려와 자기네 행실 속에 그들을 살려둔다. 세례 전에 불의나 도적질로 부유해진 사람, 거짓 맹세로 땅을 차지하게 된 사람, 어느 여인과 간음하며 살던 사람이나 법을 어긴 사람이 불의하게 차지한 것을 세례 받은 다음에도 계속 소유하고 있다면 그는 세례로 죄의 종살이에서 벗어났다는 환상 속에 있을 뿐 실상 폭군인 주인에게 사로잡혀 있다는 사실을 깨닫지 못하고 있는 것이다.

(「모세의 생애」II, 127-128)

죽음과 부활의 여정, 파스카

모세의 생애 (2)

"내를 건너서 숲으로/고개를 넘어서 마을로/어제도 가고 오늘도 갈/나의 길 새로운 길/민들레가 피고 까치가 날고/아가씨가 지나고 바람이 일고/나의 길은 언제나 새로운 길/오늘도 … 내일도…/내를 건너서 숲으로/고개를 넘어서 마을로" 윤동주의 시 '새로운 길'을 가만히 읊조려 봅니다.

'하늘을 우러러 한 점 부끄럼이 없기를' 바란 시인에게 삶은 늘 새로운 길이었던 것이구나 짐작해 봅니다. 영어로 시인을 뜻하는 단어(poet)는 '창조주'를 의미하는 그리스 말(poiētēs)에서 왔다고 하지요. 시인들은 어쩌면 하느님의 비밀을 엿보는 사람인지도 모르겠습니다.

하느님을 찾아가는 여정

「모세의 생애」에서 니사의 그레고리오 성인은 모세의 삶을 모든 그리스도인이 걸어가야 할 영적 여정으로 제시합니다. 이를 그레고리오는 '완덕'이라는 말로 표현하고 있는데 「모세의 생애」 일부 사본들이 '덕에 대하여'라는 제목을 달고 있는 것도 이 때문입니다.

> 자, 하느님의 사람 체사레노여, 나는 수덕생활의 완전성에 대하여 그대에게 보내는 이 짧은 작품에서 아름다운 수덕의 본보기로 모세의 한평생을 그렸는데 그것은 우리 한 사람 한 사람이 그가 이룩한 업적을 본받아 우리에게 내보인 아름다운 모상을 각자 안에 새기게 하기 위해서다.
>
> (「모세의 생애」 319)

모세가 이끄는 이스라엘 백성은 홍해를 건넌 뒤에도 오랫동안 광야를 헤매야 했습니다. 그레고리오는 이스라엘이 광야에서 겪는 여러 가지 이야기로부터 영적 생활의 가르침을 이끌어 냅니다.

홍해를 건너고 덕행에서 진보함을 상징하는 길을 가는 동안 물이 달게 된 것을 보고, 샘물과 종려나무가 있던 곳에 마음 편히 머물고, 바위에서 솟은 물을 마시고 난 다음 그들이 이집트에서 가지고 나온 양식이 다 떨어졌다. 이런 처지에서 하늘로부터 모양은 같지만 맛은 다른 음식이 내려왔다. 겉모습은 같지만 실상은 '각자에게 필요한 만큼' 달랐다. 여기서 우리는 무엇을 배울 것인가? …물질인 이 빵은 심거나 길쌈질해서 생긴 것이 아니다. 땅은 변함없이 그대로 있는데 하느님께서 땅 위에 이 음식을 내려주셨고 배고픈 사람들은 이를 주워 먹었다. 이는 이 기적으로 미리 우리에게 가르쳐 주는, 동정녀에게서 태어나는 탄생의 신비다. 땅에서 생기지 않은 이 빵은 바로 말씀이시다.

(「모세의 생애」 137, 139-140)

그레고리오에게 만나는 강생하신 말씀을 상징합니다. 광야를 걷는 동안, 곧 하느님을 찾아가는 여정 동안 영혼은 그리스도로 힘을 얻어야 한다는 것이지요.

구리 뱀을 쳐다보다 십자가를 바라보다

불 뱀에게 물린 백성이 구리 뱀을 쳐다보고 나았다는 이야기에서도 그레고리오는 그리스도 십자가의 신비를 읽어 냅니다.

> 못된 욕정을 치료하는 해독제는 하나밖에 없는데 그것은 하느님 섬김의 신비를 통해 우리 영혼을 정결케 하는 것이다. 중요한 것은 신앙의 신비 안에서 우리를 위해 기꺼이 고통을 받으신 분의 수난을 바라보는 것이다. 수난은 십자가다. 십자가를 바라보는 사람은 성경에서 말한 대로 욕망의 독으로 해를 입지 않는다. …절제 없는 욕망 때문에 사람을 죽이는 뱀이 땅에서 나오게 되었다. 못된 욕정에서 나온 새싹은 무엇이든 하나의 뱀이기 때문이다. 그런 까닭에 하느님은 자신을 나무에 매다신 분을 우리에게 보내 주신 것이다.
>
> (「모세의 생애」 273)

「모세의 생애」에서 그레고리오는, 이스라엘 백성이 길을 가는 동안 떠나온 이집트를 그리워하며 수차례 하느님을 거역한 점을 강조합니다. 이 때문에 모세는 바위에서 물이 솟게 함으로써 그들의 마음을 돌리는데 이는 '영적인 의미에서 통회의 성사'라는 것입니다. 구리 뱀 이야기 또한 같은 맥락으로 제시됩니다. 불 뱀에게 물렸다는 것은 이스라엘이 이집트에서 즐기던 쾌락에 다시 빠졌다는 이야기라는 것이지요. 이는 필론에게서 가져온 내용입니다. 사도 바오로와 같은 시기 알렉산드리아의 유다교 지도자였던 필론은 이교인들에 맞서 유다교를 변호하면서 창세기에 대한 우의적 해석을 내놓은 바 있습니다. 그는 원죄 이야기를 해석하면서 뱀은 쾌락이고 하와는 감각이며 아담은 이성을 뜻한다고 풉니다. 원죄란 쾌락이 감각을 유혹할 때 감각은 다시 이성을 부추겨 결국 사람이 죄에 떨어지는 이야기라고 설명합니다.

끝없는 길 언제나 새로운 길

그러나 자신의 약함과 유혹 때문에 하느님을 따르는 길을 멈추어서는 안 됩니다. 모세는 시나이 산에 올라 하느님을 뵙게 되는데 그레고리오는 이 만남의 장소에 대해 이야기하면서 '멈추어 있음'과 '나아감'을 묶어 설명합니다.

> 그런데 하느님께서 '내가 너를 이 바위 굴에 집어넣으리라.' 하셨으니 여기에 '멈추어 있음'과 '나아감'이 같은 것이라는 역설이 있다. 보통 나아가는 사람은 멈추지 않고 멈추는 사람은 나아가지 않기 때문이다. 여기서, 멈추었는데 실제로는 나아간다는 것이 무슨 뜻인가? 어떤 이가 선행에 고정되어 흔들리지 않을수록 덕행의 길에 앞서간다는 것이다.
>
> 「모세의 생애」 243

니사의 그레고리오가 사용하는 언어의 특징을 여기서 볼 수 있습니다. 멈춤과 나아감, 빛과 어둠, 올라감과 내려감 등 서로 대립되는 단어들을 하나로 묶어 설명하는 것입니다. 그의 영성신학을 신비 신학이라고 부르는 이유가 여기에 있습니다.

하느님은 무한하시기에 완덕의 길 또한 끝이 없습니다.

> 그런 까닭에 완덕에 이른다는 것은 불가능하다. 이미 말한 대로 완덕이란 어떤 한계 속에 담기지 않으며 끝이 없고 무한하다. 그러나 추구할 한계가 없다면 어떻게 거기 이를 수 있을 것인가?
>
> 「모세의 생애」 8)

하느님께서 무한한 분이시라면 유한한 우리가 어떻게 그분께 이를 수 있을까요? 하느님을 뵙는 산(시나이)에 올라 그분을 뵙는 일은 어떻게 가능할까요?

그레고리오 성인의 답은 이렇습니다.

> 하느님을 향해 오르도록 우리를 이끄는 선을 향한 갈망은 그 갈망을 품은 이가 달음질치도록 항상 더 뻗어 나간다. 하느님에 대한 갈망이 결코 채워지지 않는 것, 그것이 바로 하느님을 뵙는 것이다. 보는 사람은 현재 보는 것 때문에 더욱 그분을 뵙고 싶은 갈망으로 불타게 된다. 이처럼 어떤 한계도 그분을 향해 올라가는 것을 가로막지 않는다. 선은 한계가 없으며 선을 향해 커져 가는 갈망 또한 결코

충족되지 않기 때문이다.

(「모세의 생애」 238-239)

시인이 노래하듯이, 우리의 길은 끝이 없으며 언제나 새로운 길인지도 모릅니다. 하느님을 뵙는 길, 완덕을 향해 나아가는 우리 신앙인들의 길은 그분에 대한 갈망으로 새로 태어나고, 사랑에 대한 갈망에서 진보하는 길이기 때문입니다.

변화의 대상이 된다는 것은 계속 태어난다는 것이다. …우리는 어떤 의미에서 스스로 되고 싶은 자신을 낳고 덕행이나 악습의 본보기에 따라 우리 스스로를 낳는 부모다.

(「모세의 생애」 3)

어제의 나에 죽고 날마다 새롭게 태어나 새로운 길을 걸어가는 것, 이것이야말로 우리 앞에 놓인 죽음과 부활의 파스카가 아닐는지요.

행복하여라, 평화를 이루는 사람들

행복에 관한 연설 Orationes VIII de beatitudinibus

계단을 걸어 올라가려는 사람은 첫 계단에 발을 디디면 다음 계단에 이르기 위하여 첫 계단을 의지한다. 그리고 셋째 계단을 오르기 위해 다시 둘째 계단을 딛는다. 둘째 계단은 또 다음 계단으로 이끌고 다음은 그 다음으로 이끈다. 이처럼, 올라가는 사람은 늘 위를 향하고 이렇게 정상에 이른다.

「행복에 관한 연설」II, 1)

진복팔단의 셋째 참된 복인 "행복하여라, 온유한 사람들! 그들은 땅을 차지할 것이다."(마태 5,5)를 설명하면서 니사의 성 그레고리오는 진복팔단 전체를 차례로 다음의 높은 단계로 이르는 하나의 계단이라 가르칩니다.

실상 자기 생각으로 첫째 행복에 오르는 사람은, 둘째 행복을 말하는 성경의 본문이 얼핏 보아 앞의 것에 비겨 상당히 다르기는 하지만 거기 숨어 있는 뜻을 이해함으로써 둘째 행복에 받아들여진다.

(「행복에 관한 연설」, II, 1)

예수님께서 가르치신 산상 설교는 그리스도교의 대헌장이라 할 수 있는데 그 첫머리는 진복팔단입니다. 세상이 가리키는 행복과 반대되는 지점에 그리스도인의 참행복이 있지요. 니사의 그레고리오 성인이 설명하는 참행복, 그중에서도 '평화를 이루는 사람들의 참행복'에 머물러 보려고 합니다. 마태오 복음서의 진복팔단을 풀이하는 그레고리오 성인의 작품 '행복에 관한 연설'은 진복팔단을 다루는 작품들 가운데 가장 오래된 것입니다. 같은 주제를 다룬 작품이 이전에도 있었지만 부분적으로 다루거나 우리에게 전해지지 않지요.

그대가 먼저 평화를 가지고 있지 않다면

그러므로 이는 시합의 상이다. 상이라면 어떤 상인가? '그대가 평화를 이루는 사람이라면' 성경은 말한다. '그대는 하느님의 아들이 되는 은총의 관을 쓰게 되리라.' 이러한 보상이 약속된 것 자체가 선물인 것 같다. 사실 사람들이 얻으려 애쓰는 것 중에 어느 것이 삶을 누리는 것보다 더 달콤하겠는가? 그대가 삶이 주는 어떤 즐거움을 말하더라도, 그것을 제대로 누리기 위해서는 평화가 필요하다. 우리가 살면서 귀하게 여기는 것들, 부와 건강, 아내와 자녀들, 양친과 종들, 벗들… 이 모든 것을 다 갖고 있다 해도 평화가 없다면, 싸움 때문에 누릴 수 없다면 이런 것을 가지고 있는 게 무슨 이득인가?

「행복에 관한 연설」 VI, 4

바오로 사도도 하느님을 따르는 삶을 달리기 경주나 권투 시합에 비긴 바 있지만, 그레고리오 역시 여기에서 참된 행복을 그러한 시합의 상에 비깁니다. 그러나 이러한 보상을 얻는다 해도 평화가 없으면 그것을 누릴 수 없다는 전제에서 출발합니다. 평화란 '인간이 바랄 수 있는 것들 가운데 가장 앞서는 선'(「행복에 관한 연설」Ⅵ, 5)이라는 이야기입니다. 그렇다면 이러한 평화를 무엇이라 정의할 수 있을까요?

'행복하여라, 평화를 이루는 사람들!'(마태 5,9) 복음서는 말한다. 평화를 이루는 사람은 다른 사람에게 평화를 주는 사람이다. 그러나 먼저 평화를 가지고 있지 않다면 다른 사람에게 줄 수 없다. 성경 말씀은 그대가 먼저 평화라는 선으로 채워져야 없는 이에게 줄 수 있다고 말한다. …우선 평화가 무엇인지 살펴보자. 평화가 우리 이웃에게 친절한 마음 자세가 아니라면 무엇이겠는가? 그렇다면 평화와 대립되는 것은 무엇인가? 미움, 분노, 화, 시기, 원한, 위선, 전쟁, 재난 등이다. 얼마나 많은 좋지 않은 것들이 하나뿐인 주님의 말씀, 평화를 망가뜨릴 수 있는지를 보라.

(「행복에 관한 연설」Ⅵ, 6)

평화를 선포하는 사람은 역설적으로 늘 싸움 한가운데 있게 됩니다. 인간 본질 안에 자리하는 무엇이 우리의 평화를 위협하기 때문입니다. 자신 안의 싸움에서 평화를 이루어야 하는 숙제가 우리 모두에게 예외 없이 주어지지요. 스스로에게 평화를 선포하고 스스로 평화를 이루는 숙제입니다.

평화가 무엇인가, 말로 표현할 필요가 없다. 서로 미움과 의심을 키워 가는 사람들이 어떻게 사는지를 한번 생각해 보라. 서로 만나면 불편하고 상대의 모든 것은 견딜 수 없는 것이 된다. 서로 만나면 말이 없고 시선은 뒤틀린다. 귀는 미워하고 미움받는 상대의 목소리에 닫혀 있다. 상대에게 원수가 되는 것은 무엇이든 사랑하고 상대와 잘 지내는 사람은 모두 미워하고 원수로 삼는다. 그러므로 복음서는, 좋은 냄새가 그 부드러운 향기로 대기를 가득 채우듯 그대의 삶이 다른 이의 병을 치유할 수 있도록 평화의 은총으로 가득 차야 한다고 말한다. 평화라는 선이 얼마나 위대한가, 그대는 미움 때문에 마음속에 생기는 분노가 어떤 파국을 몰고 오는지 살필 때 분명히 알 수 있을 것이다. …분노한 이들과 악령 들린 이들의 특성을 나란히 놓고 살펴보라. …둘은 서로 모습이 같다. 다른 점은, 하나는 의지에 따른 것이요 다른 것은 의지에 따른 게 아니라는 것이다. 그렇다면 충동 때문에 재난에 처하게 되는 것이 자기 의지를 거슬러 일어나는 불행보다 훨씬 더 비참하지 않은가? …그렇다면 이러한 추함을 막는 이가 지극히 위대한 선행으로 칭찬받고 높임 받는 것은 지극히 당연한 일이다. 사람을 육신의 고통에서 해방시켜 주는 사람이 그 때문에 찬사를 받는다면 영혼을 이러한 병에서 해방시키는 사람을, 선을 베푸는 이로 여기는 것은 당연하지 않은가?

「행복에 관한 연설」 VI, 7-8

한줄기 바람에 불이 거세게 일어나듯

이 작품이 쓰인 때가 언제인지, 또 어떤 상황에서 쓰였는지 알려진 것은 없습니다. 370년대 중반에서 말 사이라고 여겨질 뿐입니다. 그레고리오는 372년 니사의 주교로 서임되지만 주교직 수행은 쉽지 않았습니다. 당시는 로마 제국의 정치 상황으로 교회도 분열에 휩싸인 때였는데 그레고리오는 376년에 주교좌에서 쫓겨납니다. 실상은 반대파들의 책동 때문이지만 표면상의 이유 가운데는 그가 교회의 재산을 임의로 처분했다는 모함도 있었습니다. 이러한 어려움을 염두에 두고 읽어 보면 다음 내용은 훨씬 더 실감나게 들립니다.

내가 분노로 생겨나는 미움이, 미움이 빚어내는 해들보다 더 심각하다 여긴다고 생각하지 말기 바란다. 시기와 위선이 만들어 내는 욕정이 분노로 생기는 것들보다 훨씬 더 해로운 듯하다. 이는 숨겨진 것이 드러난 것보다 더 두려운 것과 같다. 화를 드러내어 짖지 않고 앞에서는 물려고 달려들지 않지만 사람의 눈을 피하고 주의를 끌지 않으려 하는 개들을 우리는 특별히 조심한다. 시기와 위선이 만들어 내는 정욕이 이와 같다. 이러한 병에 사로잡힌 사람들은 마치 속에 붙어 있는 불처럼 마음 깊은 곳에 미움을 품고 있다. 그러나 겉모습은 위선 때문에 우호적인 태도를 드러낸다. 이들은 오랫동안 짚더미 아래 덮여 있는 불처럼 주위의 모든 것을 태워 버린다. 불이 드러나게 보이지는 않지만 눈에 따가운 연기가 주위를 뒤덮는다. 그러나 바람이 한줄기라도 불어오면 불이 거세게 일어난다. 이처럼 시기도 눌려 있는 짚더미를 태우는 불과 같이 인간의 마음을 속에서 집어삼킨다. 인간은 부끄럽기 때문에 제 병을 감추지만 그것을 모두 잠재울 힘은 없다. 그리하여 병은 쓰라린 연기처럼 육신의 태도로 드러나는 것이다. …그렇다면 인간의 삶에서 이러한 병을 근절한 사람, 선행과 평화로 이웃을 일치시키고 사람들을 조화롭게 이끄는 사람은 참으로 신적인 능력에 맞갖은 일을 행하는 것이 아니겠는가. …이러한 이유로 성경은, 평화를 이루는 이는 하느님의 아들이라고 하는 것이다. 다시 말해 이러한 선을 사람의 삶에 가져다주시는 참하느님을 본받는 이라고 하는 것이다.

「행복에 관한 연설」 VI, 9)

앞서 말했듯이 평화를 선포하는 이는 언제나 싸움 가운데 있게 됩니다. 평화가 필요한 곳에 주님께서 우리를 파견하시기 때문이지요. 우리가 사는 세상을 돌아봅니다. 이웃을, 함께 살아갈 형제자매로서가 아니라 내가 살기 위해 이겨야 하는 적으로 보게 하는 세상 가운데 우리는 살고 있습니다. 독자 여러분도 이렇게 스스로 물어보면 어떨까요. 주님께서 '평화를 이루는 사람'으로 나를 파견하시는 곳은 어디인가?

9

테르툴리아노

Tertullianus, 155–240년경

끝없는 길 언제나 새로운 길

아버지의 이름으로

기도론 De Oratione

20세기의 신비가로 불리는 모리스 젱델(Maurice Zundel, 1897-1975년)의 이야기입니다. 그가 살던 도시에 친하게 지내던 대학 교수가 있었습니다. 그 교수는 무신론자였는데, 하루는 돌아가신 아버지를 위해 해 드릴 수 있는 게 뭐가 없을까 물어 오더랍니다. 그는 아버지를 무척 사랑한 사람이었던 겁니다. 젱델 신부는 그에게 미사 때 복사를 해 달라고 부탁했습니다. 미사를 드리면서 두 사람이 '주님의 기도'를 바치는데 그 기도를 바치면서 교수는 세례받을 결심을 했다는 것이지요. 우리가 바치는 '주님의 기도'는 본래 말뜻 그대로 옮기면 '우리 아버지'Pater noster 기도입니다.

무신론자이던 교수는 육신의 아버지에 대한 사랑으로 하느님 아버지가 누구신지 알아보게 된 겁니다. 기도에 대해 다루면서 '주님의 기도'를 해설하는 짧은 작품, 테르툴리아노의 「기도론」을 함께 살펴보려고 합니다. '주님의 기도'를 다룬 가장 오래된 작품이기도 하지요. 테르툴리아노가 이 작품을 쓴 때는 198년에서 200년 사이로 여겨지고 있습니다.

하느님께 드리는 공경, 인간의 간청

테르툴리아노Tertullianus는 155년경 북아프리카의 카르타고에서 태어났습니다. 그의 부모는 이교인이었는데 아버지는 백인대장이었다고 전해집니다. 그는 일찍이 법학 교육을 받고 로마에서 변호사로 이름을 떨쳤습니다. 193년 무렵 회개하고 세례를 받을 때 그의 나이 서른여덟이었습니다. 성 예로니모가 쓴 「유명인사록」De Viris Illustribus에는 그가 사제였다고 전하지만 신빙성 있게 받아들여지지는 않습니다.

테르툴리아노는 '주님의 기도'를 새로운 기도의 모범이라고 합니다. 예수 그리스도께서 신약, 곧 "새로운 계약을 맺은 새로운 제자들에게 주신 새로운 기도의 모범"(「기도론」 I , 1)이라는 것입니다. 더 나아가 이 기도는 복음서 전체의 응축이기도 합니다. '주님의 기도'가 예수 그리스도의 가르침을 종합하고 있다는 것이지요.

> 실상 그 기도는 …주님의 말씀 거의 전체, 그리스도의 가르침을 완전히 담고 있다. '주님의 기도' 안에는 참으로 복음서 전체가 종합되어 있는 것이다.
>
> (「기도론」 I , 6)

테르툴리아노는 모든 기도가 본질적으로 하느님께 대한 공경과 인간의 간청으로 이루어진다고 말합니다. 하느님께 드리는 공경veneratio Dei과 인간의 간청hominis petitio, 이는 기도의 바탕으로서 믿는 이들과 하느님 사이의 관계를 드러냅니다. 기도야말로 그리스도인 삶의 바탕인 하느님과 사람들 사이의 관계를 말해 준다는 이야기입니다.

'그러나 진실한 예배자들이 영과 진리 안에서 아버지께 예배를 드릴 때가 온다. 지금이 바로 그때다. 사실 아버지께서는 이렇게 예배를 드리는 이들을 찾으신다. 하느님은 영이시다. 그러므로 그분께 예배를 드리는 이는 영과 진리 안에서 예배를 드려야 한다.'(요한 4,23-24) 그러므로 그분은 이러한 예배자들을 찾으신다. 참된 예배자들과 참된 사제들은 우리다. 우리는 영 안에서 기도하기 때문이며 영 안에서 희생물로 기도를 바치기 때문이다. 기도는 하느님께서 기뻐하시는, 그분께만 드리는 희생물이다.

「기도론」XXVIII, 2-3)

아버지를 아는 이들은 복되다

하느님과 맺는 이러한 관계 안에 그리스도인이 드리는 기도의 특징이 나타납니다. 그리스도교에서는 하느님을 아버지라 부르기 때문입니다.

 '하늘에 계신 저희 아버지'(마태 6,9)라고 기도할 때 우리는 하느님에 대한 증언으로 시작한다. 곧 믿음 안에서 무엇을 얻었는가를 드러냄으로써 시작하는 것이다. 우리는 하느님께 기도하면서 동시에 믿음의 가치를 드러내는 것이다. 믿음 덕분에 우리가 그렇게 말할 수 있기 때문이다. (성경에) 이렇게 쓰여 있다. '그분을 믿는 이들에게 하느님의 자녀라 불릴 수 있는 권한을 주셨다.'(요한 1,12; 1요한 3,1 참조)

사실 주님은 하느님께서 아버지이심을 참으로 자주 선포하셨다. 아니 거기서 그치지 않고 하늘에 계신 그분 말고 이 땅의 그 누구도 '아버지'라 부르지 말라고 명하셨다(마태 23,9 참조). 그러므로 그분께 이 기도를 드릴 때 우리는 복음의 계명을 실행에 옮기는 것이다. 아버지를 아는 이들은 복되다! 이스라엘을 꾸짖던 말씀, 성령께서 하늘과 땅을 증인으로 불러 하시던 말씀이 이것이다. '하늘아, 들어라! 땅아, 귀를 기울여라! 내가 아들들을 낳았으나 그들은 나를 몰라본다.'(이사 1,2- 테르툴리아노가 인용한 구절은 현대 번역 성경과 차이가 있음) 우리가 그분을 '아버지'라 부를 때 하느님의 이름 또한 규정하고 있는 것이다. '아버지'라는 말은 본디 온유함과 권위를 가리킨다.

「기도론」II, 1-4

주님의 기도가 그리스도의 가르침을 종합하는 기도라고 말하는 첫째 이유는 하느님께서 그리스도에게 자신을 아버지로 드러내셨기 때문입니다. 사실 예수 그리스도는 '아버지께서 모든 것을 당신 손에 내주셨다는 것을, 또 당신이 하느님에게서 나왔다가 하느님께 돌아'(요한 13,3)가는 것이 삶이라 여기셨지요. 그리스도인의 기도가 같은 하느님을 믿는 유다인의 기도와 구별되는 지점이 바로 여기입니다.

아버지라는 하느님의 이름은 누구에게도 드러난 바가 없었다. 하느님께 어떻게 그분을 부를지 여쭈었던 모세도 다른 이름을 들었던 것이다(탈출 3,13-14 참조). 그렇지만 아들 안에서 (그것이) 계시되었다. 실상 아버지의 이름은 아들이 오기 전에는 드러나지 않았으니 이렇게 말씀하셨다. '나는 내 아버지의 이름으로 왔다.'(요한 5,43) 또 '아버지, 아버지의 이름을 영광스럽게 하십시오.'(12,28) 그리고 더욱 분명하게 다시 말씀하셨다. '저는 아버지의 이름을 드러냈습니다.'(17,6)

「기도론」Ⅲ, 1)

아버지의 사랑과 자비를 배우다

복음서 전체에서 예수 그리스도의 메시지를 가장 잘 담고 있는 비유 이야기를 들라면 되찾은 아들(루카 15,11-32) 이야기를 꼽을 것입니다. 둘째 아들은 제 뜻대로 아버지를 떠나 방탕한 생활을 하지만 결국 아버지께 돌아옵니다. 둘째 아들은 왜 돌아오는 것일까, 돌아온 뒤 그는 어떻게 되었을까. 둘째 아들은 아버지가 되기 위해 돌아오는 것일지도 모릅니다. 어쩌면 그도 시간이 지난 뒤, 제 꿈을 찾아 집을 떠나버린 둘째 아들을 그리워하며 동구 밖에 나가 서서 기다리게 될지도 모릅니다. 아버지께 돌아간다는 것은 아버지의 사랑과 자비를 배운다는 것이고, 우리 자신이 아버지, 어머니가 된다는 뜻이겠지요. 예수님은 복음서에서 그것을 "너희 아버지께서 자비하신 것처럼 너희도 자비로운 사람이 되어라."(루카 6,36) 하고 가르치셨습니다.

현대인이 맞닥뜨린 가장 큰 문제는 불안이라고 말하는 이들이 있습니다. 고삐 풀린 자본주의라든지 신자유주의 같은 말들이 암시하듯, 인간의 탐욕이 인류의 가장 큰 위협이라고 말하는 이들이 있지만 사실은 과학 기술이 발전함에 따라 사람들이 갖게 된 인간 중심주의, 신을 잃어버린 사람들의 문제가 더 크다는 것입니다. 하느님 없이 홀로 서야 하는 인간은 어떤 의미에서 아버지 없이 혼자 살아가게 된 아이와 같다는 이야기입니다. 스스로 자신의 안전을 도모해야 하고 앞길을 스스로 찾아야 하는 아이의 심정, 그것이 현대인의 불안이라는 것이지요. 내가 불안하고 힘들어하는 때는 언제인지, 나는 지금 아버지 없는 어린아이로 살고 있지는 않은지 물어보는 것은 어떨까요. 예수님께서 직접 가르쳐 주신 '우리 아버지' 기도를 묵상해 보면서 말입니다.

아버지의 이름으로

기도론 (2)

"하늘에 계신 우리 아버지, 아버지의 이름이 거룩히 빛나시며…." 수도원에 사는 사람들은 주님의 기도를 하루에 세

번은 꼭 바칩니다. 아침과 저녁 성무일도가 주님의 기도로 끝나는데다 미사 때도 주님의 기도를 바치기 때문이지요. 성무일도를 바치는 규정을 담고 있는 베네딕토의 「수도규칙서」는 이 전통적인 교회의 기도를 주님의 기도로 마무리해야 한다고 규정하고 있습니다. 그 이유는 이렇지요. "'(저희에게 잘못한 이를) 저희가 용서하오니, 저희 죄를 용서하시고'라는 언약을 바침으로써 모여 있는 모든 사람이 이러한 허물에서 자신을 깨끗이 하기 위해서다."(13장) 하루의 시작과 마침의 때에 주님의 기도를 바치면서 형제를 용서하고 받아들이는 마음을 새롭게 하라는 이야기입니다. 미사 때 바치는 주님의 기도는 영성체 예식의 시작 부분에 있는데 이는 대그레고리오 교황이 정한 것입니다. 주님의 몸을 받아 모시기 전에 형제에 대한 허물이 있는지 돌아보라는 뜻이라고 하지요.

아버지를 알아보는 이는 형제자매를 알아보게 된다

앞서 테르툴리아노의 「기도론」이 이야기하는 '우리 아버지' 호칭의 뜻을 살펴보았습니다. 하느님을 아버지라 부르는 사람들은 한 걸음 더 나아가 세상 모든 이를 형제자매라 부르게 되지요. 아버지를 알아보는 이는 형제자매를 알아보게 되는 것입니다. 주님의 기도 전반부에서 나와 하느님의 관계를 이야기하고, 후반부에서는 형제들을 용서하는 내용을 담고 있는 것은 그러한 이유에서입니다. 「기도론」에서 테르툴리아노는 주님의 기도 전체를 다음과 같이 요약합니다.

 (그분을) 아버지라고 말한다. 하느님께 맞갖은 영예다. 이어 그분의 이름에 대해 말하는데 이는 믿음의 증언이다. 그다음 하느님의 뜻을 가리키는데 이는 우리가 그분께 드려야 할 존경을 선물로 바치는 일이다. 우리는 하느님 나라를 기억한다. 우리의 희망을 상기하는 일이다. 빵을 청할 때 우리는 생명을 청한다. 그분께 용서를 구하면서 우리는 죄를 고백한다. 끝으로 그분의 보호를 간청할 때 우리는 유혹이 두려움을 드러내는 것이다.

(「기도론」, 2)

「기도론」은 주님의 기도뿐만 아니라 기도 전반에 대한 설명도 담고 있습니다. 주님의 기도와 다른 기도 사이에 어떤 관계가 있는가를 테르툴리아노는 이렇게 이야기합니다.

사람들의 필요를 미리 아시고 돌보시는 주님께서 우리에게 주님의 기도에 대한 가르침을 맡기신 다음, 사이를 두고 '청하여라. 받을 것이다.'(요한 16,24; 마태 7,7; 루카 11,9)라는 초대를 덧붙이셨으니, 각자가 처한 상황에 따라 필요한 것들도 분명히 있기 때문이다. 그러나 청하기에 앞서 우리는 주님이 규정하신 보편적인 기도를 하느님께 바쳐야 하는데, 주님의 기도는 우리가 바라는 가장 근본적인 것들의 기초와도 같기 때문이다.

(「기도론」X)

가장 중요한 것은 주님의 기도라는 이야기입니다. "청하여라. 받을 것이다."라는 복음 말씀은 다른 기도도 바치라는 초대인데, 이때는 복음의 계명들을 기억해야 합니다. 그러지 않으면 그 기도를 하느님께서 들어주지 않으실 것이기 때문입니다.

계명들을 기억한다는 것은 기도가 하늘까지 이를 수 있도록 기도로 가는 길을 준비한다는 뜻이다. 그 계명들 중 가장 중요한 것은 형제들과 불화할 만한 것이 속에 있거나 형제들과 다투었을 때, 그와 화해하기 전에는 하느님의 제단에 오르지 말라는 계명이다(마태 5,23-24 참조). 형제들과 평화롭지 못한 상태에서 하느님과 다시 평화를 이루러 나아간다는 것이 무슨 의미가 있겠는가? 다른 이들의 죄를 용서하지 않으면서 죄를 용서받기 위해 그분께 나아간다는 것이 무슨 의미가 있겠는가(마르 11,25; 마태 6,14-15 참조)? 이미 시초부터 분노의 말은 무엇이든 금지되어 있다. 그런데 우리가 형제들에 맞서 분노하고 있다면 어떻게 (하느님) 아버지를 달랠 수 있겠는가? 요셉도 아버지를 모시고 오도록 자기 형제들을 석방해 주면서 말했다. '길에서 분노에 사로잡히지 마십시오.'(창세 45,24 - 테르툴리아노의 인용구는 현대 성경 번역과 차이가 있음) 그의 말은 다른 식으로 하면 우리에게 주는 경고였다. 사실 '길'이 우리 집안(교회)의 가르침을 가리킨다는 것을 알게 하는 성경 구절도 있다(사도 9,2 참조). 그러므로 우리가 기도로 가는 길에 들어섰을 때는 속에 원한을 품고 아버지께 나아가서는 안 된다. 이어서 주님은 분명한 방식으로 율법의 내용을 확장하여, 살인에다 형제에 대한 분노까지 덧붙이신다(마태 5,21-22 참조). 나쁜 말을 함으로써 제 속을 털어놓는 일조차 주님은 허락하지 않으신다. 어쩔 수 없이 화를 낸다 해도, 사도가 경고하듯이(에페 4,26 참조) 하루를 넘겨서는 안 된다. 형제가 바라는 것을 행하지 않은 채 기도 없이 하루를 보내는 것과 속에 분노를 품은 채 기도를 다시 드리는 일은 참으로 두려운 일일 것이다.

(「기도론」 XI, 1-3)

하느님을 뵈려면 하느님을 닮아야 한다

인류가 범한 첫 번째 살인죄는 카인이 아우인 아벨에게 저지른 것입니다. 창세기에는 아우를 죽인 카인에게 던지는 하느님의 질문이 기록되어 있지요. "네 아우 아벨은 어디 있느냐?"(창세 4,9) 카인의 죄는 형제를 살해한 것인데 이는 하느님 아버지를 떠난 그 부모의 죄에서부터 비롯한다는 것이 창세기가 전하는 이야기입니다. 형제에게 죄를 짓기 전에 사람은 아버지께 죄를 짓는다는 말입니다. 하느님 아버지를 떠나는 아담에게 던지는 하느님의 질문은 이렇습니다. "너 어디 있느냐?"(창세 3,9) 그러므로 우리가 창세기에서 만나는 '아담아, 너 어디 있느냐?'라는 물음과 '카인아, 네 형제는 어디에 있느냐?'는 물음은 우리 모두 앞에 놓인 핵심적인 물음이 되는 거지요. 네 형제를 찾아라, 그것은 바로 네 아버지를 찾는 일이기도 하다는 가르침입니다.

계속 테르툴리아노의 말을 따라가 보겠습니다.

기도하려는 생각을 가지고 있을 때는 분노뿐만 아니라 영혼의 어떠한 혼란으로부터도 절대적으로 자유로워야 한다. 기도드리는 자세는 우리가 기도드리는 성령과 같은 영으로부터 나와야 한다. 성령은 더러워진 영을 결코 받아들일 수 없으며 혼란스럽고 두려워하는 영은 결코 기쁘고 자유로운 영을 알아볼 수 없을 것이다. 원수를 반갑게 맞아들이는 이는 없다. 누구나 자기와 닮은 이만을 맞아들이는 법이다.

(「기도론」, XII)

테르툴리아노는 주님의 기도야말로 모든 기도 가운데 근본이 된다고 설명하면서 우리는 각자의 필요에 따라 기도를 드릴 수 있지만 그렇게 기도드릴 때 반드시 복음의 계명들, 특히 아버지께 나아갈 때 먼저 형제들과 화해하라는 계명을 실행해야 한다고 말합니다. 형제들과 불화를 일으키게 하는 분노를 피하고 영혼의 혼란도 피하게 될 때 우리는 성령을 맞아들이게 된다는 것이지요.

"누구나 자기와 닮은 이만을 맞아들이는 법이다." 마지막 구절은 관상 기도를 떠올리게 합니다. 관상 기도를 흔히 기도의 최고 형태라 일컫지만 '관상'contemplatio이라는 말은 '본다'라는 뜻이지요. 사람은 제 속에 있는 것만을 알아볼 수 있습니다. 하느님을 뵈려면 하느님을 닮아야 한다는 뜻입니다. 형제를 찾아가는 길은 바로 아버지를 찾아가는 길이고 아버지를 찾아갈 때 우리는 그분을 닮게 됩니다. 주님의 기도가 가르쳐 주는 이 단순한 길이 어쩌면 가장 깊은 기도의 길인지도 모르겠습니다. "아무개야, 네 형제는 지금 어디에 있느냐?" 하느님께서 우리에게 던지시는 물음입니다. 우리는 무어라고 답하게 될까요?

10

클레르보의 베르나르도

Bernardus Claraevallensis, 1090−1153년

끝없는 길 언제나 새로운 길

신랑과 신부의 노래

아가 강론 Sermones super Cantica canticorum

그 빵을 누가 우리에게 나누어 줄까요? 가장이 여기 계십니다. 빵을 쪼개실 때 주님을 알아보십시오. 누구도 이 일을 그분보다 더 잘할 수 없습니다. 이는 제 능력을 벗어난 일이니 저에게 아무것도 기대하지 마십시오. 저 또한 찾고 있는 사람일 뿐입니다. 그대와 함께 저는 영적인 음식을 간청합니다. 저는 이 글이 소개하는 신비에 빛을 밝혀 주시도록 기도합니다.

『아가 강론』 1,4

클레르보의 베르나르도(1090-1153년)가 쓴 「아가 강론」의 한 대목입니다. 엄밀한 의미에서 교부들을 정의할 때 네 가지 기준을 잣대로 삼습니다. (1) 시기적으로는 고대에 속하며 (2) 정통 신앙의 노선에서 (3) 교회가 인정하는 뛰어난 가르침을 펼친 분으로서 (4) 삶의 거룩함도 인정되는 분이라는 기준이지요. 첫째로 꼽은 '고대성'은 논자에 따라 다른데 어떤 이들은 베르나르도를 '최후의 교부'로 여기기도 합니다. 이번 장에서는 베르나르도의 「아가 강론」을 함께 읽으면서 신비적 주석의 예를 맛보려고 합니다.

아가, 노래 중의 노래

앞서 교부들의 성서 주석법 네 가지를 이야기한 적이 있습니다. 문자, 우의, 윤리, 그리고 신비적 주석이 그것인데 신비적 주석이란 '종말론적 완성'이라는 눈으로 성경을 읽는 것입니다. 다시 말해서 우리가 어디를 향해 가느냐를 묻는 시각입니다. 한 사람 한 사람 우리의 영혼이 어디서 와서 어디로 가는가, 하는 물음을 갖고 성경 본문을 읽는 것이지요. 그런 의미에서 신비적 주석을 영적 주석이라고도 부릅니다. 시토회의 아빠스인 베르나르도는 이러한 시각에서 아가를 수도승들에게 강론하면서 하느님께서 '신비에 빛을 밝혀 주시도록 기도한다.'는 기원으로 말문을 엽니다.

성경에는 많은 노래가 있지만 그 어떤 것도 이러한 제목을 갖고 있지 않습니다. 이 노래는 성공과 축복을 두고 하느님께 감사드립니다. 그리스도와 그분의 교회, 거저 받은 거룩한 사랑, 하느님과 일치하는 신비를 찬미합니다. 그것은 영혼의 열정적인 혼인입니다. 그것은 예수님께서 '임금들의 임금이시며 주님들의 주님'(1티모 6,15)이시라는 말과 같은 방식으로 '노래 중의 노래'입니다.

(「아가 강론」 1,7)

이 작품은 '노래 중의 노래' Canticum canticorum라는 제목을 갖고 있습니다. 노래들 가운데 노래, 곧 가장 아름다운 노래라는 뜻이겠지요. "우아하다, 아름답다"는 의미에서 '아가'雅歌라는 우리말 이름은 이 작품과 잘 어울립니다. 이 작품을 통해서 성 베르나르도는 모든 영혼이 어떻게 하느님과 일치를 이루는 여정을 걸어가는가를 설명합니다. 모든 영혼이 지향할 바를 이야기한다는 면에서 이 작품은 신비적 주석이라고 할 수 있지요.

 그리스도 앞 땅바닥까지 몸을 낮추십시오. 그분 발을 붙잡으십시오. 입맞춤으로 그분께 간청하십시오. 당신 눈물로 그분 발을 씻으십시오. 그 안에서 스스로를 씻으십시오. 그러면 그대는 '털을 깎으려고 세척장에서 올라오는 양 떼'(아가 4,2) 가운데 하나가 될 것입니다. 그분 얼굴을 쳐다보기에는 아직 너무 이릅니다. '너는 죄를 용서받았다.'(루카 7,48)는 그분 말씀을 들을 때까지 기다리십시오. '먼지를 털고'(이사 52,2) 일어나라는 그분의 초대가 확실해질 때까지 멈추어 있으십시오. 아직 또 다른 중요한 단계가 있습니다. '그분 입의 입맞춤'을 받기에는 너무 이릅니다. 이제 그분 손에 입 맞출 때입니다. 예수님께서 저의 죄가 용서받았다고 확인하셨다 한들 제가 계속 죄를 짓는다면 그것이 제게 무슨 도움이 되겠습니까? 발을 씻은 뒤에 먼지 속을 걷고 있다면 제가 얻

은 것이 무엇이겠습니까? 죄를 뉘우치게 이끄신 그분은 올바르게 살 힘 또한 주실 것입니다. 용서받은 것으로 충분하지 않습니다. 용서는 열매를 맺어야 합니다. 이전 삶으로 돌아간다면 그것은 끔찍한 손실일 것입니다. '자기가 게운 데로 되돌아가는 개처럼 우둔한 자는 제 어리석음을 되풀이한다.'(잠언 26,11) 저는 높은 곳으로 경솔하게 달려가고 싶지 않습니다. 때에 맞추어 한 발자국씩 나아가고 싶습니다. 겸손한 참회는 하느님을 기쁘게 합니다. 그대의 한계를 인식하십시오. 그대의 역량을 넘어선 영적인 것들을 추구하지 마십시오. 발에서 입까지는 멀고 고된 여정입니다. 단번에 그것을 얻으려 하는 것은 크나큰 잘못입니다.

(「아가 강론」 3,2-4)

정의와 자비, 그리스도의 두 발

영적 여정의 첫 단계에 있는 이들은 그분의 발에 입을 맞추려는 사람들입니다. 베르나르도는 회심을 향해 나아가는 영혼들에게 그리스도께서 하느님의 '정의'와 '자비'라는 두

발로 다가오신다고 말합니다.

그대는 예수의 발자국을 볼 수 있습니다. 한 발자국은 '두려움'이고 다른 발자국은 '희망'입니다. 이들은 정의와 자비의 산물입니다. '주님을 경외함은 지식의 근원이다.'(잠언 1,7) 희망은 그 지식의 결과입니다. 두 발은 모두 중요합니다. 어느 하나도 몰라서는 안 됩니다. 그대가 죄와 하느님 심판이 두려워 어려움에 처할 때 그대는 심판의 발자국에 입 맞춘 것입니다. 하느님 사랑을 인식하고 용서받기를 희망할 때 그대는 자비의 발에 입 맞춘 것입니다. 하나에만 입 맞추고 다른 하나에 입 맞추지 않는 것은 잘못입니다. 심판만을 생각한다면 그대는 절망에 빠질 것입니다. 반면 하느님의 자비에만 희망을 두고 다른 데는 눈감고 있다면 그대는 생각하는 만큼 안전하지 않을 것입니다.

(「아가 강론」 6,8)

성 베르나르도는 입맞춤이라는 은유를 바탕으로 영적 진보를 세 단계로 나눕니다. 그리스도의 발에 입 맞춘 죄 많은 여인 이야기에서 따온 첫 단계는 죄의 용서, 곧 회개를, 그분의 손에 입 맞추는 것은 영적 성장이라는 둘째 단계를 가리키며 아가의 시작에 나오는 신랑과 신부의 입맞춤은 관상이라는 최고의 단계라는 이야기입니다. 여기 나오는 신랑과 신부는 하느님과 하느님을 찾는 영혼입니다.

인간의 영혼과 말씀 사이에 있는 이러한 사랑을 가리키는 가장 좋은 말은 '신부'와 '신랑'입니다. 혼인에서는 모든 것을 공유합니다. 목적과 갈망의 일치가 있습니다. '그러므로 남자는 아버지와 어머니를 떠나 아내와 결합하여, 둘이 한 몸이 된다.'(창세 2,24) 그러므로 하느님과 사랑에 빠진 영혼을 '신부'라 부르는 것은 전적으로 옳습니다.

(「아가 강론」 7,2)

입맞춤, 성령을 받아라

모두 여든여섯 편의 강론을 담고 있는 「아가 강론」의 첫

여덟 편은 '아가'의 첫 구절 "아, 제발 그이가 내게 입 맞춰 주었으면!"에 대한 설명으로, 신랑과 신부의 입맞춤을 다루고 있습니다. 베르나르도에 따르면 이 입맞춤은 교회에 베풀어지는 하느님의 사랑, 곧 성령입니다.

> "이렇게 이르시고 나서 그들에게 숨을 불어넣으며 말씀하셨다. '성령을 받아라.'"(요한 20,22) 이것은 새로운 교회에 주어지는 입맞춤입니다. 그리스도의 숨결은 성자와 성부 두 분으로부터 오는 성령의 부어짐의 상징입니다. 이는 입 맞추는 이와 입맞춤 받는 이 모두에게 속합니다. …이것은 성령의 선물입니다. 성부는 입 맞추시고 성자는 입맞춤을 받습니다. 성령은 입맞춤입니다.
>
> (「아가 강론」 8,2)

서로 하나가 되고 싶어 애달파하는 신부와 신랑 사이의 사랑에 빗대어 인간의 영혼과 하느님 사이의 관계를 풀어내는 이 아름다운 글 앞에서 문득 내가 소유한 것들은 무엇인지 묻습니다. 사람은 사랑하는 것을 소유하기 바라고, 소유한 것에 소유되기 마련이기 때문입니다. 나는 하느님의 사람인가, 아니면 다른 무엇, 하느님 아닌 다른 그 무엇에 소유된 사람인가? 성 바오로는 이렇게 말하신 바 있지요. "다 여러분의 것입니다. 그리고 여러분은 그리스도의 것이고 그리스도는 하느님의 것입니다."(1코린 3,22-23)

신랑과 신부의 노래

아가 강론 (2)

"미래의 그리스도인은 신비가가 되거나, 아니면 존재하지 않을 것이다." 지난 세기의 저명한 신학자 칼 라너의 말입니다. 성경의 신비적 주석이 무엇인지 클레르보의 베르나르도가 쓴 「아가 강론」을 읽으면서 살펴보고 있습니다. 하느님은 누구신지, 그리고 그 하느님을 어떻게 만날 것인지를 성경 말씀에서 이해하는 것이 신비적 주석의 핵심입니다. '신비'라는 말은 때로 뜬구름 잡는 소리나 모호한 말 잔치 속에서 길을 잃고 헤매는 일처럼 여겨집니다. 그러나 신비가는 지극히 현실적인 사람이라고 할 수 있습니다. 신비는 일상 속에 숨어 있는 것이기 때문입니다.

그런 의미에서 신비가란 바로 우리가 살고 있는 현실 속에서 하느님을 발견하는 사람입니다. 하느님과 일치하여 모든 것에서 하느님을 알아 뵐 수 있다면 우리 또한 신비가일 수 있다는 이야기입니다. 과학 기술이 발전하고 모든 것이 인간 중심으로 정리되는 이 시대를 생각하면 라너가 그리스도인의 모습을 신비가로 정의하는 것이 이해될 듯도 합니다. 이번에는 성 베르나르도가 말하는 '신비, 하느님과 영혼의 일치'를 아가 1장 4절("왕이 나를 당신 방들로 이끄셨네." – 글쓴이 직역)에 대한 해설을 읽으면서 살펴보겠습니다.

그대 자신을 아십시오, 하느님을 아십시오

베르나르도는 임금이 영혼을 이끄는 방을 '귀중한 곡식이 보관된 곳간'에 비기면서 성경에 나오는 정원과 곳간, 침실을 역사와 윤리, 신비에 대응시킵니다. 다시 말해 정원은 우리가 알아야 할 문자(진리), 곳간은 우리가 살아야 할 윤리(삶), 침실은 우리가 지향해야 할 최종 목적지로서 그분과 만나는 자리, 곧 신비(일치)입니다. 문자는 실제 무슨 일이 있었는가를 말해 주기 때문에 '역사'와 연결됩니다.

하느님에 대한 목마름을 느낄 때 우리는 열성으로 성경을 연구하게 됩니다. 우리가 찾는 분을 만나리라는 것은 분명합니다. 정원은 분명하게 쓰여 있는 성경적 역사의 기록이며 곳간은 그 기록의 윤리적 적용입니다. 그리고 침실은 영적 관상의 신비입니다.

(「아가 강론」 23)

이 신비에 이르는 영적 여정은 성경적 역사를 알아보는 정원에서 시작합니다. 베르나르도는 이 정원에서 이루어지는 일을 세 가지로 요약하지요.

성경적 역사는 창조, 화해, 쇄신, 이렇게 세 부분으로 된 정원입니다. 창조는 씨를 뿌림입니다. 화해는 심어진 것이 싹으로 돋아남입니다. 쇄신은 거두어들임입니다. '그날에 주님께서 돋게 하신 싹이 영화롭고 영광스럽게 되리라. 그리고 그 땅의 열매는 이스라엘의 생존자들에게 자랑과 영예가 되리라.'(이사 4,2)

(「아가 강론」 23)

성경적 역사가 결국 하느님과 인간에 대해 이야기하고 있다면 성경을 통해 이를 알아 가는 일이 이 여정의 시작점이 되는 것은 당연한 일입니다. 하느님을 모르는 사람은 하느님을 사랑할 수 없기 때문입니다.

하느님에 대한 무지는 구원받을 가능성을 없애 버립니다. 모르는 것을 사랑할 수 없기 때문입니다. 그대 자신을 아십시오. 하느님에 대한 두려움을 얻을 것입니다. 하느님을 아십시오. 하느님을 사랑하게 될 것입니다. 하느님과 자신을 아는 것은 그대가 다른 것을 배워 교만해지지 않게

해 줄 것입니다.

(「아가 강론」 37)

아는 것은, 그것을 사는 것으로 이어집니다. 역사와 윤리의 연결 고리는 아는 것을 몸에 익히고 익힌 것을 이웃과 함께 살며 그것을 통달에 이르기까지 살아가는 단계입니다. 베르나르도의 설명을 들어보겠습니다.

윤리의 곳간도 세 개의 구별되는 장소를 지닙니다. 나는 세 장소에 '수련, 본질, 은총'이라는 이름을 붙이고 싶습니다. 우리가 이 세 장소를 통해 나아가는 길에 들어설 때 우리는 무지하므로 배움의 수련을 해야 합니다. 둘째 장소에서 우리는 다른 이들과 발걸음을 함께하는 좋은 동료가 됩니다. 셋째 장소는 통달을 가져다줍니다. 첫째 장소에서 우리는 경쟁심과 의지를 조절하기 시작합니다. 그런 다음 '보라, 얼마나 좋고 얼마나 즐거운가, 형제들이 함께 사는 것이! 머리 위의 좋은 기름 같아라. 수염 위로, 아론의 수염 위로 흘러내리는, 그의 옷깃 위에 흘러내리는 기름 같아라.'(시편 133,1-2)라고 말하는 둘째 장소로 나아갑니다. 이 단계에서 우리는 자신을 뽐내거나 이웃에게 원한을 품지 않으며 다른 이들과 협력합니다.

(「아가 강론」 23)

되찾은 나 자신

성 베르나르도는 관상을 활동과 잘 조화시킨 분으로 널리 알려져 있습니다. 참된 관상은 이웃에게 전하는 활동으로 이끌고, 참된 활동은 하느님 안에서 그 힘을 얻기 위하여 사람을 관상으로 이끕니다. 성 베르나르도는 임금의 침실로 들어가는 신부를 복음서에 나오는, 신방에 들어가는 지혜로운 처녀에 비기면서 다음과 같이 말합니다.

물론 신부는 그들을 잊지 않습니다. 그녀는 인내를 권고하면서 그들을 위로합니다. 그러므로 자신이 누리는 기쁨을 이야기할 때 다른 처녀들을 비웃는 것이 아니라 그들도 그 기쁨을 함께 나누게 하고 그들도 그 기쁨에 속해 있음을 느끼게 합니다. 좋은 어머니처럼 그들의 관심사를 자기 것보다 먼저 생각합니다. 이렇게 함으로써 그녀는 승천하면서 '세상 끝 날까지 언제나 너희와 함께 있겠다.'(마태 28,20) 하신 신랑의 모범을 생각합니다. '임금은 나를 당신 방들로 이끄셨네.'라 말하면서 그녀는 그들이 마치 그녀에게 속해 있는 것처럼 초심자들을 격려합니다. '너 또한 인도를 받고 있단다. 이것은 나만을 위한 것이 아니다. 내가 얻는 것은 모두 너를 위한 것이기도 하다.'

(「아가 강론」 23)

정원과 곳간을 거쳐 영혼은 이제 침실로 인도됩니다. 우리 여정의 목적지가 바로 여기입니다.

마지막으로 우리는 침실에 들어갑니다. 부족한 지식이지만 제 생각으로는 임금은 여러 개의 침실을 가지고 있습니다. 우리는 다양한 모습으로 침실을 체험합니다. 우리가 각자 신랑과 들어가는 곳은 모두 같은 방이 아닌 것입니다. '이 장소들은 내 아버지께서 준비하신 이들을 위한 것이다.'(마태 20,23 – 글쓴이 직역) '너희가 나를 뽑은 것이 아니라 내가 너희를 뽑아 세웠다.'(요한 15,16) 한 여인은 우리 주 예수님의 발치에서 뉘우쳤습니다. 다른 사람은 그분 머리맡에서 믿음을 드러냈습니다. 토마스는 그분 옆구리의 상처를 만지도록 초대받았습니다. 요한은 만찬의 식탁에서 그분께 기댔고 바오로는 '셋째 하늘까지 들어 올려진 일이 있습니다.'(2코린 12,2) 신랑의 집에는 방이 많으며 그 방 하나하나는 우리 각자에게 완벽합니다.

「아가 강론」 23)

우리 영혼의 여정이 모두 고유하며 그래서 우리가 들어가는 신방, 곧 일치의 모습 또한 고유하다는 이야기입니다.

성 베르나르도에 따르면 사랑에는 네 가지 단계가 있다고 합니다. 먼저 자기 자신을 위해 자신을 사랑하는 단계가 있고, 둘째로 자신을 위해 하느님을 사랑하는 단계가 있습니다. 셋째는 하느님을 위해 하느님을 사랑하는 단계이고, 마지막은 하느님을 위해 자신을 사랑하는 단계입니다. 사람이 사랑에 진보하는 것은 정원과 곳간을 거쳐 침실에 이르는 여정입니다. 자신밖에 모르던 인간이 결국 하느님을 찾게 되고 그 여정의 끝에서 자신에게 돌아온다는, 그러나 이때 그가 돌아오는 곳은 하느님을 거쳐 되찾은 자기 자신이라는 이야기입니다. 하느님과 형제들 안에서 되찾은 나 자신, 성 베르나르도가 말하는 신비는 바로 그것인지도 모르겠습니다.

끝없는 길 언제나 새로운 길

나가는 말_아버지들의 길

주교요지 主敎要旨

이십 대 초반 선원으로 일하던 때 영국에 간 적이 있습니다. 그때 제 신앙의 역사를 생각하면서 깊은 감회에 젖었지요. 저는 골롬반외방선교회 신부님에게서 세례를 받았는데 골롬반외방선교회가 뿌리를 둔 곳이 아일랜드입니다. '아, 이 먼 나라에서 신부님들이 배를 타고 우리 땅에 오셨고, 나에게까지 신앙이 전해졌구나.' 하는 감회가 오랜 항해 끝의 초임 선원인 저에게 생겨난 것이었지요. "믿음은 들음에서 오고 들음은 그리스도의 말씀으로 이루어집니다."(로마 10,17) 바오로 사도는 로마인들에게 이렇게 말하고 있거니와 우리의 신앙은 누구나 다 그 어떤 분에게 전해 받았다는 데 공통점이 있습니다.

그리스도교회 역사에서 하느님을 믿어 얻는 참된 생명의

가르침을 전해 주신 분들을 '아버지'라 불렀고 거기에서 '교부'敎父, 곧 '교회의 아버지'라는 호칭이 생겼다는 것은 이미 말씀드렸습니다. 물론 전문적인 의미로는 특정한 시대에 활동하신 분들을 교부라고 부르지만 이름의 연원을 따져 보면 그렇다는 이야기지요. 우리의 신앙 선조 복자 정약종 아우구스티노(1760-1801년)의 작품을 살펴보는 글로 이 책을 마무리하고 싶습니다.

「주교요지」, 최초의 한글 교리서

천지 만물이, 제 몸이 스스로 낳는 일이 없어, 초목은 열매 있어 씨를 전하고 짐승은 어버이 있어 생겨나고, 사람도 부모가 있어 생겨나니, 그 부모는 조부모에게로부터 낳는 것이라, 차차 올라가면 분명히 시작하여 난 사람이 있을 것이니 이 사람을 누가 낳았을꼬. 처음으로 난 사람은 반드시 부모가 없이 낳았을 것이니… 이로 미루어 보건대 처음에 난 사람을 반드시 내신 이가 계실 것이니 사람뿐만 아니라 초목과 짐승도 다 그러하여, 처음 난 초목은 초목이 초목을 낳음이 아니요 처음 난 짐승도 짐승이 짐승을 낳음이 아니라, 초목과 짐승과 사람을 도무지 내신 이가 계시니 이를 천주라 이르나니라.

(「주교요지」上, 2)

정약종의 「주교요지」는 조선 교회 최초의 한글 교리서로서 초기 교회 발전에 크게 이바지한 작품입니다. 상·하 두 권으로, 모두 43조로 구성되어 있는데 한문을 모르는 부녀자들과 어린아이들도 읽을 수 있도록 한글로 썼다는 것이 우선 눈에 띕니다. 정약종은 머슴, 행랑아범, 천민은 물론 백정 출신의 신자들을 집으로 맞아들여 함께 생활하면서 교리를 가르친 분입니다. 하느님 앞에 모든 사람이 한 형제자매라는 가르침을 실제로 사신 분이었으니 그분이 최초의 한글 교리서를 쓴 이유도 미루어 짐작할 수가 있지요.

한 사람이 묻되, '원조의 실과實果 먹은 죄가 무슨 큰 죄이기에 그 벌이 이렇듯이 중하고 또 자손에게까지 미침은 어찜이뇨?' 대답하되, '죄악의 경하고 중함이 죄지은 곳이 높고 낮은 데 달렸으니 말하자면 백성이 원員에게 죄를 지었으면 그 형벌이 태장을 받을 것이요, 감사에게 지었으면 형추를 당할 것이요, 임금께 지었으면 죽기를 면치 못할 것이니 죄는 한 가지라도 죄지은 곳이 더욱 높을수록 그 형벌이 더욱 중한지라. 이제 원조의 실과 먹은 죄가 무궁히 높으신 천주께 범하였으니 천주 무궁히 높으신즉 그 죄가 무궁히 중할 것이요 그 죄가 무궁한즉 그 형벌도 무궁할 것이니 어찌 무궁한 괴로움을 면하며 또 만세 자손인들 어찌 그 벌을 면하리오? 비컨대, 사람의 조상이 임금께 득죄하였으면 그 자손이 대대로 변방에 충군하고 위노하는 법이 있으니 원조의 벌이 그 자손까지 연루함을 어찌 마땅치 않다 하리오.'

(「주교요지」下, 2)

원죄에 대한 정약종의 설명은 그리스도교 신앙을 우리 언어로 풀어내는 귀한 시도라 할 수 있습니다. 아우구스티노의 「고백록」을 보면 진리를 찾기 위해 창세기를 읽다가 무지한 아낙네들한테나 어울릴 법한 내용을 보고 마니교 이단에 빠지는 그의 모습이 나옵니다. 아우구스티노의 회심은 이러한 내용을 글자 그대로가 아니라 글자 너머에 숨은 뜻을 찾으며 읽어야 한다는 사실을 암브로시오 주교의 강론을 통해 깨달으면서 시작됩니다. 후에 아우구스티노는 선악과를 먹는 아담과 하와의 이야기가 단지 과일을 먹는 것이 아니라 할 일과 하지 말아야 할 일을 스스로 결정하려는 인간의 교만을 가리킨다고 설명하지요. 정약종은 인간의 원죄가 지극히 높으신 하느님께 지은 죄이므로 그만큼 무겁다고 설명하고 있습니다.

하권의 3절에 나오는 그리스도의 인성과 신성에 대한 설명에서도 같은 시도를 볼 수 있지요.

'예수'란 말씀은 '세상을 구속하신 주'라는 뜻이니 예수 한 위位에 천주성과 인성을 결합하여 계시니 진실로 참사람이시오 참천주이시라… 두 성性이 비록 합하였으나 그 성이 각각 있고 각각 행하여 천주는 천주의 성을 쓰시고 사람은 사람의 성을 쓰시니 비컨대 복숭아나무에 두 가지가 있으니, 한 가지는 뿌리에 붙어 나고 한 가지는 베고 살구나무 가지를 접하매 각각 그 본성이 있어 각각 그 열매 열림에 복숭아나무 가지에는 복숭아가 열리고 살구나무 가지에는 살구가 열리었으니 복숭아가 변하여 살구가 됨이 아니라, 가지는 둘이로되 나무는 하나이니 두 가지 한 뿌리에 붙은 연고이라. 예수 한 위에 천주성과 인성을 합하심이 마치 복숭아나무에 살구나무 가지를 접함과 같은지라. 그런 고로 그 성性은 비록 둘이시나 그 위位는 오직 하나이시니 진실로 천주이시요 사람이시며, 사람이시요 천주이시라. 예수 두 가지 성의 합하심이 이렇듯이 아름답고 또 두 가지 성을 쓰시는 묘리가 기묘하고 신통하시니라.

(「주교요지」下, 3)

아버지께 가는 것은 아버지가 되는 일

「주교요지」는 정약종이 명도회 회장으로 전교 활동을 하던 중에 저술된 것으로 여겨지고 있습니다. 그가 체포된 때는 1801년 2월 11일, 처형된 것은 같은 달 26일(음력)의 일입니다.

 그 산꼭대기에 이르시매, 악당이 예수의 옷을 벗기고 거룩하신 몸을 십자가 위에 놓고 두 손을 나누어 못을 박고 두 발을 모아 못 박는지라. 이때에는 바로 오시午時더니, 홀연히 어둡기가 밤 같아져 일월이 빛을 잃고 온 땅이 진동하여 산이 무너지며 돌이 서로 부딪치고 고총古塚이 절로 열리며 사람이 다 놀라 울고 만물이 다 참혹한 모양으로 죽으신 예수가 참천주 되심을 나타내더라. 예수가 죽으신 후에 악당이 또 창으로 그 오른편 늑방을 찔러 온몸에 피와 물이 다 쏟아져 사람의 죄를 구속함을 이미 마치시매, 이에 천주 성부의 진노하심이 그치시고, 사람에게 복이 다시 돌아오니라.

「주교요지」 下, 3)

   정약종의 죄목은 국왕에 대한 불경죄와 국가에 대한 모반죄였습니다. 참수당할 때 그는 "땅을 내려다보면서 죽는 것보다 하늘을 쳐다보면서 죽는 것이 더 낫다."고 하면서 하늘을 바라보며 몸을 뉘였다고 하지요. 망나니가 두려워 칼을 잘못 내려치자 그는 목이 반쯤 잘린 채 몸을 일으켜 성호를 긋고 다시 누워 마지막 칼날을 받았다고 합니다. 우리에게 참생명의 길을 삶으로, 글로 가르쳐 주신 한국 교회의 아버지, 어머니들이 계셨기에 오늘 우리가 있습니다. 「주교요지」를 남긴 복자 정약종 아우구스티노의 아들 성 정하상 바오로는 1839년 「상재상서」上宰相書를 썼습니다. '상재상서'란 '재상에게 올리는 글'이라는 뜻인데 한국 교회 최초의 호교론이지요. '호교론'이란 우리 신앙을 변호하는 글이라는 뜻입니다. 이 책을 쓴 뒤 그 역시 체포되어 아버지를 따라 순교의 길을 가게 됩니다. 아들은 아버지를 따랐고 그렇게 아버지가 됩니다. 정하상 바오로 성인 역시 우리 교회의 아버지가 되었습니다. 전해 받은 신앙을 살며 복음의 진리를 오는 세대에게 전할 때 우리 또한 교부들, 곧 교회의 아버지, 어머니들 대열에 합류하게 됩니다. 어머니께 가는 것은 어머니가 되는 일, 아버지께 가는 것은 바로 아버지가 되는 일이기 때문입니다.